Workbook/Laboratory Manual for

¡HOLA, amigos!

THIRD EDITION

Ana C. Jarvis
Chandler Gilbert Community College

Raquel Lebredo
California Baptist College

D.C. Heath and Company
Lexington, Massachusetts   Toronto

Address editorial correspondence to:

D. C. Heath
125 Spring Street
Lexington, MA 02173

Published simultaneously in Canada.

Printed in the United States of America.

International Standard Book Number: 0-669-27374-0

10 9 8 7 6 5 4

To the Instructor

The *Workbook / Laboratory Manual* is a fully integrated component of *¡Hola, amigos!*, Third Edition, a complete introductory Spanish program for the college level. As in previous editions, the *Workbook / Laboratory Manual* reinforces the grammar and vocabulary presented in the *¡Hola, amigos!* core text and helps students to develop their listening, speaking, reading, and writing skills.

The lessons in the *Workbook / Laboratory Manual* are correlated to the student text. The manual begins with an *Introduction to Spanish Sounds*, which along with its corresponding audiocassette component assists students in forming the initial connection between sounds and letters they will need to learn in order to pronounce Spanish correctly. Following this introduction, Workbook and Laboratory activities are provided for **Pasos 1** and **2** and for the fifteen regular textbook lessons.

New to the Third Edition

Substantially revised for the Third Edition of *¡Hola, amigos!*, the *Workbook / Laboratory Manual*

- reflects the revised scope and sequence of the core text.
- offers additional speaking practice through the **Puntos para recordar** exercises in the *Laboratory Activities*, which require students to generate sentences or respond to questions using the grammatical structures introduced in each lesson.
- contains more illustration-based activities and a greater variety of exercise formats.

The *Workbook* and *Laboratory Manual* sections have been merged in the Third Edition. Each lesson now begins with a section entitled *Workbook Activities*, and is followed by another section entitled *Laboratory Activities*.

Workbook Activities

The *Workbook Activities* are designed to reinforce the grammar and vocabulary introduced in the textbook and to develop students' writing skills. They include sentence completion exercises, fill-in charts, illustration-based exercises, scrambled and dehydrated sentences, translation exercises, and crossword puzzles.

Each Workbook lesson ends with a section entitled **Para leer,** consisting of a reading that re-enters the vocabulary and grammar of the textbook lesson and follow-up questions to test reading comprehension. An *Answer Key* to all written exercises is provided at the end of the *Workbook* section, enabling students to monitor their progress throughout the program.

Laboratory Activities

The *Laboratory Activities* accompany the audiocasette program, which provides approximately thirty minutes per lesson of taped exercises recorded by native speakers. The *Laboratory Activities* include listening, speaking, and writing practice for each lesson under the following headings:

Vocabulario: The vocabulary list from the corresponding lesson of the textbook read with pauses for student repetition.

Diálogos / Preguntas y respuestas: The dialogues from the textbook read first without pauses and then with pauses for student repetition. The dialogues are followed by questions, printed in the *Laboratory Activities* pages, that verify comprehension and provide oral practice.

Puntos para recordar: A set of three to five exercises that provide listening and speaking practice and test mastery of the grammar topics introduced in each lesson. Models for these exercises are printed in the *Laboratory Activities* pages.

Ejercicio de comprehensión: A multiple-choice, illustration-based listening comprehension exercise that draws on the topics and vocabulary covered in each lesson.

Para escuchar y escribir: A dictation topically and structurally connected to the lesson. Dictations are printed in the *Answer Key* at the end of the *Workbook / Laboratory Manual* for easy self-correction.

The *Workbook / Laboratory Manual* is an important part of the *¡Hola, amigos!*, Third Edition, program. Students who use it consistently will find the *Workbook / Laboratory Manual* and the audiocassette program of great assistance in forming the associations of sound, syntax, and meaning needed for effective communication in Spanish.

We would like to hear your comments on *¡Hola, amigos!*, Third Edition, and on this *Workbook / Laboratory Manual*. Reports of your experiences using this program would be of great interest and value to us. Please write to us care of D. C. Heath and Company, Modern Languages, College Division, 125 Spring Street, Lexington, Massachusetts 02173.

Ana C. Jarvis

Raquel Lebredo

To the Student

This combined *Workbook / Laboratory Manual* for *¡Hola, amigos!*, Third Edition, is designed to reinforce the new material presented in each textbook lesson and to provide practice in the skills you will need to communicate effectively in Spanish.

To use this important component of the *¡Hola, amigos!* program to best advantage, it is important that you understand its organization. The *Workbook / Laboratory Manual* begins with an *Introduction to Spanish Sounds* that will teach you the sound system of the Spanish language and help you to associate these sounds with the letters that represent them. After this introduction, *Workbook* and *Laboratory* activities are provided for **Pasos 1** and **2** and for the fifteen regular textbook lessons.

Workbook Activities

The *Workbook Activities* will help to develop your reading and writing skills by providing practice in using the structures and vocabulary from the textbook. The activities range from fill-ins and sentence completion to more complex tasks such as writing original sentences and translating. A crossword puzzle in each lesson, with clues completely in Spanish, offers a vocabulary control check and an opportunity to test your spelling abilities. Each *Workbook* lesson concludes with a reading in which key lesson vocabulary and structures reappear in a new context, followed by questions to check comprehension. Answers to all *Workbook Activities* are provided in the *Answer Key* at the back of the *Workbook / Laboratory Manual* so that you can monitor your own progress.

Laboratory Activities

The *Laboratory Activities,* intended for use with the audiocassette program, emphasize listening and speaking skills. The following sections are included for each textbook lesson:

Vocabulario: The vocabulary list from the textbook lesson is read with pauses for you to repeat what you hear.

Diálogos: The dialogues from the textbook lesson are read, once at normal speed, then with pauses. During the first reading, you should listen carefully to the speakers' pronunciation and to the rise and fall of the pitch in their voices. The paused version offers you the opportunity to practice speaking the lines until you can imitate the speakers well.

Preguntas y respuestas: These listening comprehension questions will help you to verify your understanding of the dialogues. Check your responses carefully against those provided on the tape.

Puntos para recordar: These exercises provide listening and speaking practice and test your mastery of the grammar topics presented in each lesson. A model for each exercise in this section is read on the tape and printed in the *Laboratory Activities* pages to guide you in your responses. The correct response to each item is provided on the tape.

Ejercicio de comprensión: This listening comprehension exercise checks your ability to apply the Spanish you are learning to new situations. You will hear three descriptions for each illustration in the *Laboratory Activities* pages and will circle the letter that corresponds to the correct description. Answers to each of the items are provided on the tape.

Para escuchar y escribir: A dictation concludes the *Laboratory Activities* for each lesson so that you can check your ability to reproduce in writing what you hear on the cassette tape. All of the dictations are printed in the *Answer Key* at the back of the *Workbook / Laboratory Manual* for you to check your work.

Consistent use of the *Laboratory Activities* for each lesson will help you to develop your listening and speaking skills in Spanish to meet the objectives of the *¡Hola, amigos!* program. By the end of the course, you should be able to understand the essence of a conversation on topics covered by the textbook by native speakers of Spanish conversing at normal speed. You should also be able to make yourself understood to native speakers used to dealing with foreigners when you converse on these topics, using the vocabulary and structures you have learned.

Try to complete all of the *Workbook* and *Laboratory* activities for each lesson. As you become more familiar with the program, you will find them helpful in assessing your achievements and in targeting the specific lesson features that require extra review. Learning a foreign language is a gradual process that requires a consistent, steady commitment of time. Using the *Workbook / Laboratory Manual* will help you to use your time productively by determining which material you have already mastered and which requires additional study.

We would like to hear your comments on *¡Hola, amigos!*, Third Edition, and on this *Workbook / Laboratory Manual*. Reports of your experiences using this program would be of great interest and value to us. Please write to us care of D. C. Heath and Company, Modern Languages, College Division, 125 Spring Street, Lexington, Massachusetts 02173.

Ana C. Jarvis

Raquel Lebredo

Contents

Laboratory Activities

Introduction to Spanish Sounds

Each Spanish sound will be explained briefly, and examples will be given for practice.

Pronunciation

Repeat each Spanish word after the speaker, imitating as closely as possible the correct pronunciation.

Vowels

1. **a** in Spanish sounds similar to the English *a* in the word *father*.

    alta   casa   palma   Ana   cama   Panamá   alma   apagar

2. **e** is pronounced like the English *e* in the word *eight*.

    mes   entre   este   deje   ese   encender   teme   prender

3. **i** has a sound similar to the English *ee* in the word *see*.

    fin   ir   sí   sin   dividir   Trini   difícil

4. **o** is similar to the English *o* in the word *no*, but without the glide.

    toco   como   poco   roto   corto   corro   solo   loco

5. **u** is pronounced like the English *oo* sound in the word *shoot*, or the *ue* sound in the word *Sue*.

    su   Lulú   Úrsula   cultura   un   luna   sucursal   Uruguay

Consonants

1. Spanish **p** is pronounced in a manner similar to the English *p* sound, but without the puff of air that follows after the English sound is produced.

    pesca   pude   puedo   parte   papá
    postre   piña   puente   Paco

2. The Spanish **k** sound, represented by the letters **k, c** before **a, o, u** or a consonant, and **qu**, is similar to the English *k* sound, but without the puff of air.

    casa   comer   cuna   clima   acción   que
    quinto   queso   aunque   kiosko   kilómetro

1

3. Spanish **t** is produced by touching the back of the upper front teeth with the tip of the tongue. It has no puff of air as in the English **t**.

todo	antes	corto	Guatemala	diente
resto	tonto	roto	tanque	

4. The Spanish consonant **d** has two different sounds depending on its position. At the beginning of an utterance and after **n** or **l**, the tip of the tongue presses the back of the upper front teeth.

día	doma	dice	dolor	dar
anda	Aldo	caldo	el deseo	un domicilio

In all other positions the sound of **d** is similar to the *th* sound in the English word *they*, but softer.

medida	todo	nada	nadie	medio
puedo	moda	queda	nudo	

5. The Spanish consonant **g** is similar to the English *g* sound in the word *guy* except before **e** or **i**.

goma	glotón	gallo	gloria	lago	alga
gorrión	garra	guerra	angustia	algo	Dagoberto

6. The Spanish sound **j** (or **g** before **e** and **i**) is similar to a strongly exaggerated English *h* sound.

gemir	juez	jarro	gitano	agente
juego	giro	bajo	gente	

7. There is no difference in sound between Spanish **b** and **v**. Both letters are pronounced alike. At the beginning of an utterance or after **m** or **n**, **b** and **v** have a sound identical to the English *b* sound in the word *boy*.

vivir	beber	vamos	barco	enviar
hambre	batea	bueno	vestido	

When pronounced between vowels, the Spanish **b** and **v** sound is produced by bringing the lips together but not closing them, so that some air may pass through.

sábado	autobús	yo voy	su barco

8. In most countries, Spanish **ll** and **y** have a sound similar to the English sound in the word *yes*.

el llavero	un yelmo	el yeso	su yunta	llama	yema
oye	trayecto	trayectoria	mayo	milla	bella

When it stands alone or is at the end of a word, Spanish **y** is pronounced like the vowel **i**.

rey	hoy	y	doy	buey	muy	voy	estoy	soy

9. The sound of Spanish **r** is similar to the English *dd* sound in the word *ladder*.

crema	aroma	cara	arena	aro
harina	toro	oro	eres	portero

10. Spanish **rr** and also **r** in an initial position and after **n, l,** or **s** are pronounced with a very strong trill. This trill is produced by bringing the tip of the tongue near the alveolar ridge and letting it vibrate freely while the air passes through the mouth.

rama	carro	Israel	cierra	roto
perro	alrededor	rizo	corre	Enrique

11. Spanish **s** is represented in most of the Spanish world by the letters **s, z,** and **c** before **e** or **i.** The sound is very similar to the English sibilant *s* in the word *sink*.

sale	sitio	presidente	signo
salsa	seda	suma	vaso
sobrino	ciudad	cima	canción
zapato	zarza	cerveza	centro

12. The letter **h** is silent in Spanish.

hoy	hora	hilo	ahora
humor	huevo	horror	almohada

13. Spanish **ch** is pronounced like the English *ch* in the word *chief*.

hecho	chico	coche	Chile
mucho	muchacho	salchicha	

14. Spanish **f** is identical in sound to the English *f*.

difícil	chico	fuego	forma
fácil	fecha	foto	fueron

15. Spanish **l** is similar to the English *l* in the word *let*.

dolor	lata	ángel	lago	sueldo
los	pelo	lana	general	fácil

16. Spanish **m** is pronounced like the English *m* in the word *mother*.

mano	moda	mucho	muy
mismo	tampoco	multa	cómoda

17. In most cases, Spanish **n** has a sound similar to the English *n*.

nada	nunca	ninguno	norte
entra	tiene	sienta	

The sound of Spanish **n** is often affected by the sounds that occur around it. When it appears before **b, v,** or **p,** it is pronounced like an **m.**

tan bueno	toman vino	sin poder
un pobre	comen peras	siguen bebiendo

18. Spanish **ñ** is similar to the English *ny* sound in the word *canyon*.

señor	otoño	ñoño	uña
leña	dueño	niños	años

19. Spanish **x** has two pronunciations depending on its position. Between vowels the sound is similar to English *ks*.

examen	exacto	boxeo	éxito
oxidar	oxígeno	existencia	

When it occurs before a consonant, Spanish x sounds like *s*.

    expresión   explicar   extraer   excusa
    expreso   exquisito extremo

When x appears in **México** or in other words of Mexican origin, it is pronounced like the Spanish letter **j**.

Linking

In spoken Spanish, the different words in a phrase or sentence are not pronounced as isolated elements, but are combined together. This is called *linking*.

    Pepe come pan.
    Tomás toma leche.
    Luis tiene la llave.
    La mano de Roberto.

1. The final consonant of a word is pronounced together with the initial vowel of the following word.

        Carlos‿anda
        un‿ángel
        el‿otoño
        unos‿estudios‿interesantes

2. A diphthong is formed between the final vowel of a word and the initial vowel of the following word. A triphthong is formed when there is a combination of three vowels.

        su‿hermana
        tu‿escopeta
        Roberto‿y Luis
        negocio‿importante
        lluvia‿y nieve
        ardua‿empresa

3. When the final vowel of a word and the initial vowel of the following word are identical, they are pronounced slightly longer than one vowel.

        Ana‿alcanza   tiene‿eso   Ada‿atiende   lo‿olvido

    The same rule applies when two identical vowels appear within a word.

        crees   Teherán   coordinación

4. When the final consonant of a word and the initial consonant of the following word are the same, they are pronounced like one consonant with slightly longer than normal duration.

        el‿lado   Carlos‿salta   tienes‿sed

Primer Paso

Workbook Activities

A. Name the numbered items, and write *f.* for feminine and *m.* for masculine beside each noun.

1. mapa _____ (m)

2. _____ ( )

3. _____ ( )

4. _____ ( )

5. _____ ( )

6. _____ ( )

7. profesor _____ (m)

8. _____ ( )

9. _____ ( )

10. _____ ( )

11. estudiante _____ ( )

12. _____ ( )

13. _____ ( )

14. _____ ( )

15. _____ ( )

B. Complete the following chart with the missing noun forms and their accompanying
   articles.

Singular	**Plural**
1. el libro	1. _los libros_
2. _Un borrador_	2. unos borradores
3. el lápiz	3. _____
4. _____	4. las lecciones
5. un profesor	5. _____
6. _____	6. unas ventanas

C. Write the following numbers in Spanish.

1. 9: _____	7. 8: _____
2. 3: _____	8. 2: _____
3. 0: _____	9. 6: _____
4. 5: _____	10. 4: _____
5. 1: _____	11. 7: _____
6. 10: _____	

D. Look at the following illustration and write how many of each of the things listed there are, using **hay.**

1. students: _____

2. books: _____

3. maps: _____

4. pens: _____

5. windows: _____

6. women: _____

E. Complete the following color chart with the missing words in Spanish or English.

English	Spanish
1. orange	1. _____
2. _____	2. azul
3. pink	3. _____
4. _____	4. gris
5. red	5. _____
6. _____	6. verde
7. yellow	7. _____
8. _____	8. negro
9. white	9. _____
10. _____	10. marrón (café)

Primer Paso

Laboratory Activities

I. Vocabulario

The vocabulary will be read with pauses for you to repeat what you hear. Pay close attention to the speaker's pronunciation.

COGNADOS *(Cognates)*

el (la) estudiante student
la lección lesson
el mapa map
el (la) profesor(a) professor
el (la) secretario(a) secretary
la universidad university

NOMBRES *(Nouns)*

el borrador eraser
el cuaderno notebook
el día day
el escritorio desk
el hombre man
el lápiz pencil
el libro book
la mano hand
la mujer woman
la pizarra blackboard
la pluma pen
la puerta door
el reloj clock
el saludo greeting
la silla chair
la tiza chalk
la ventana window

OTRAS PALABRAS Y EXPRESIONES
(Other Words and Expressions)

adiós good-bye
buenas noches good evening, good night
buenas tardes good afternoon
buenos días good morning
el primer día de clase the first day of class
en at, in, on
en la clase in the classroom
hasta luego (I'll) see you later, so long
hasta mañana (I'll) see you tomorrow
hola hello, hi
por la mañana in the morning
por la noche in the evening, at night
por la tarde in the afternoon

II. Diálogos: Saludos

The dialogues will be read with pauses for you to repeat what you hear. Imitate the speakers' intonation patterns.

En una universidad en la Ciudad de México, el primer día de clase. Por la mañana:

—Buenos días, Miguel Ángel.
—Buenos días, Ana María.

—Hola, Pepe.
—Hola, Carmen.

Por la tarde:

—Buenas tardes, Eloísa.
—Buenas tardes, Teresa

—Hasta luego, Víctor.
—Adiós.

Por la noche:

—Buenas noches, José Luis.
—Buenas noches, Alfredo.

—Hasta mañana, Roberto.
—Hasta mañana.

III. Puntos para recordar

A. Say each of the acronyms you hear in Spanish. The speaker will verify your response. Repeat the correct answer. Follow the model.

    MODELO: USA
                 u-ese-a

B. Repeat each noun you hear, adding the appropriate definite article. The speaker will verify your response. Repeat the correct answer. Follow the model.

    MODELO: libro
                 el libro

C. Answer each of the addition problems you hear in Spanish. The speaker will verify your response. Repeat the correct answer. Follow the model.

    MODELO: tres y dos
                 cinco

IV. Para escuchar y escribir

The speaker will read four sentences. Each sentence will be read twice. After the first reading, write what you have heard. After the second reading, check your work and fill in what you have missed.

1. _____

2. _____

3. _____

4. _____

Segundo Paso

Workbook Activities

A. Complete the following series with the appropriate days of the week.

1. domingo, lunes, _____

2. miércoles, _____ , _____

3. _____ , _____ , domingo

4. _____ , martes, _____

5. sábado, _____ , _____

B. Use the information below to fill in Carolina's class schedule for this semester in Spanish.

Math (*Matemáticas*):   Monday, Wednesday, Friday
Spanish (*Español*):   Monday, Tuesday, Wednesday, Thursday, Friday
Music (*Música*):   Saturday
History (*Historia*):   Tuesday, Thursday
Biology (*Biología*):   Thursday, Friday
Literature (*Literatura*): Tuesday, Saturday

lunes	martes	miércoles	jueves	viernes	sábado	domingo

C. Complete the following series by writing the missing number in each blank.

1. diez, _____ , doce, _____ , _____ ,

   _____ , dieciséis, diecisiete, _____ , _____ ,

   _____ , veintiuno, veintidós, _____ , _____ ,

   _____ , veintiséis

2. treinta, _____ , _____ , sesenta, _____ ,

   ochenta, _____ , _____

D. Write the following in Spanish.

1. 68 books _____

2. 89 students _____

3. 33 men _____

4. 56 women _____

5. 94 chairs _____

6. 72 notebooks _____

E. Complete the following dialogues appropriately.

1. —_____

   —Buenos días, señora. ¿Cómo está usted?

   —_____

   —Bien, gracias.

   —_____

   —Adiós.

2. —_____

   —Me llamo Consuelo Carreras.

   —_____

   —El gusto es mío, señorita.

3. —_____

—Se dice "hasta mañana".

4. —_____

—Quiere decir *door*.

—_____

—De nada.

5. —_____

—Hoy es el tres de septiembre.

F. Write these dates in Spanish, following the model.

    MODELO: July fourth
               Hoy es el cuatro de julio.

1. March first _____

2. January fifteenth _____

3. November thirtieth _____

4. June twentieth _____

5. December fourteenth _____

6. August tenth _____

7. February eleventh _____

8. April twenty-fifth _____

G. Write the name of the season that corresponds to the following months.

1. septiembre, octubre, noviembre   _____

2. marzo, abril, mayo   _____

3. diciembre, enero, febrero   _____

4. junio, julio, agosto   _____

Segundo Paso

Laboratory Activities

I. Vocabulario

TÍTULOS

doctor (Dr.)   doctor *(m)*
doctora (Dra.)   doctor *(f)*
señor (Sr.)   Mr., sir; gentleman
señora (Sra.)   Mrs., madam; lady
señorita (Srta.)   Miss; young lady

EXPRESIONES DE CORTESÍA

De nada.   You're welcome.
El gusto es mío.   The pleasure is mine.
Gracias.   Thank you.
Lo siento.   I'm sorry.
Muchas gracias.   Thank you very much.
Mucho gusto.   It's a pleasure; How do you do?

PREGUNTAS Y RESPUESTAS ÚTILES

¿Cómo está usted?   How are you?
Bien.   Fine.
Muy bien.   Very well.
No muy bien.   Not very well.

¿Cómo se dice... ?   How do you say . . . ?
Se dice...   You say . . .

¿Cómo se llama usted?   What is your name?
   (formal)
¿Cómo te llamas?   What is your name
   (familiar)
Me llamo...   My name is . . .

¿Qué día es hoy?   What day is today?
Hoy es...   Today is . . .

¿Qué fecha es hoy?   What's today's date?
¿Qué quiere decir...?   What does . . . mean?
Quiere decir...   It means . . .

OTRAS PALABRAS Y EXPRESIONES

el (la) alumno(a)   student, pupil
¿cómo?   how?
con   with
en español   in Spanish
habla   he/she speaks
miércoles   Wednesday
no   no
¿no?   isn't that so?
oye   listen, hey
quince   fifteen
septiembre   September
y   and

II. Diálogos: El primer día de clase

The dialogues will be read first without pauses. Pay attention to the speakers' intonation and pronunciation patterns.

En una universidad en Guadalajara, México. La profesora Vargas habla con Teresa Ruiz, una alumna.

Teresa:	—Buenas tardes, doctora Vargas.
Profesora:	—Buenas tardes, señorita. ¿Cómo se llama usted?
Teresa:	—Me llamo Teresa Ruiz.
Profesora:	—Mucho gusto, señorita Ruiz.
Teresa:	—El gusto es mío.

En la clase, Teresa habla con Pedro.

Pedro:	—Hola, ¿cómo te llamas?
Teresa:	—Me llamo Teresa Ruiz. ¿Y tú?
Pedro:	—Pedro Morales.
Teresa:	—Oye, ¿qué fecha es hoy?
Pedro:	—Hoy es el quince de septiembre.

El doctor Martínez habla con el señor Soto.

Profesor:	—¿Cómo está usted?
Sr. Soto:	—Muy bien, gracias. ¿Y usted?
Profesor:	—Bien, gracias... ¿Qué día es hoy...?
Sr. Soto:	—Hoy es miércoles.

El profesor habla con los estudiantes.

Roberto:	—Profesor, ¿cómo se dice "de nada" en inglés?
Profesor:	—Se dice "you're welcome".
María:	—¿Qué quiere decir "I'm sorry"?
Profesor:	—Quiere decir "lo siento".
María:	—Muchas gracias.
Profesor:	—De nada. Hasta mañana.

Now the dialogues will be read with pauses for you to repeat what you hear. Imitate the speakers' intonation patterns.

III. Puntos para recordar

A. The speaker will name a month. State the season in which the month falls. The speaker will verify your response. Repeat the correct answer. Follow the model.

> MODELO: diciembre
> *el invierno*

B. The speaker will tell you what day today is. Respond by saying what day tomorrow is. The speaker will verify your response. Repeat the correct answer. Follow the model.

> MODELO: Hoy es lunes.
> *Mañana es martes.*

C. The speaker will name a day of the year. Say its date. The speaker will verify your response. Repeat the correct answer. Follow the model.

    MODELO: Veterans' Day
              el once de noviembre

IV. Para escuchar y escribir

A. The speaker will dictate fifteen numbers. Each number will be read twice. Write them, using numerals rather than words.

1. _____ 6. _____ 11. _____

2. _____ 7. _____ 12. _____

3. _____ 8. _____ 13. _____

4. _____ 9. _____ 14. _____

5. _____ 10. _____ 15. _____

B. The speaker will read four sentences. Each sentence will be read twice. After the first reading, write what you have heard. After the second reading, check your work and fill in what you have missed.

1. _____

2. _____

3. _____

4. _____

Workbook Activities

A. Complete the following sentences with Spanish subject pronouns.

    MODELO: You refer to your teachers as . . .
               *You refer to your teachers as **ellos**.*

1. You speak to your best friend and call him _____ .

2. You refer to María as _____ .

3. You address your teacher as _____ .

4. You refer to your friends as _____ .

5. You refer to your parents and yourself as _____ .

6. Anita and María refer to themselves as _____ .

7. You refer to Mr. García as _____ .

8. You speak to your classmates as a group and call them _____ .

B. Rewrite the following sentences, beginning with the new subject.

1. Ellos conversan con el profesor.

   Nosotros _____

2. Yo estudio química.

   Ella _____

3. Nosotros hablamos español.

   Tú _____

4. Uds. necesitan los libros.

   Ud. _____

5. Elena toma matemáticas.

Yo _____

6. ¿Dónde trabajan ellos?

¿ _____ él?

7. La clase termina a las dos.

Tú y yo _____

8. Yo deseo un vaso de leche.

Él y ella _____

C. Complete the following sentences with the Spanish equivalent of the words in parentheses.

1. ¿ _____ trabaja María?   *(where)*

2. ¿ _____ está Ud.?   *(how)*

3. ¿ _____ estudian ellos?   *(when)*

4. ¿ _____ habla inglés?   *(who)*

5. ¿ _____ estudias biología?   *(why)*

6. ¿ _____ clases tomas este semestre?   *(how many)*

7. ¿ _____ desea Ud.?   *(which)*

8. ¿ _____ necesitan ellos?   *(what)*

D. Write the corresponding definite article beside each noun.

1. _____ problema

2. _____ libertad

3. _____ identificación

4. _____ apartamento

5. _____ tarde

6. _____ matrícula

7. _____ unidad

8. _____ francés

9. _____ horario

10. _____ sistema

11. _____ conversación

12. _____ café

13. _____ telegrama

14. _____ universidad

15. _____ clima

E. **¿Qué hora es?** Start each sentence with **Es la...** or **Son las...**, as appropriate.

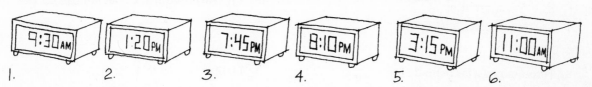

1. _____

2. _____

3. _____

4. _____

5. _____

6. _____

F. Unscramble the following groups of words to form logical sentences.

1. en / Adela / laboratorio / lenguas / trabaja / el / de

   _____

2. ¿informática / hora / es / la / a / de / qué / clase?

   _____

3. ¿Uds. / semestre / cuántas / este / toman / clases?

   _____

G. Crucigrama (*Crossword Puzzle*)

HORIZONTAL

2. Necesito el _____ de clases.

4. La clase _____ a las ocho.

6. Materia

8. Terminamos a las ocho de la _____ .

9. Deseo un _____ de leche.

11. ¡Ya es _____ ! ¡Me voy!

12. En México hablan _____ .

13. ¿ _____ trabaja Ud.? ¿En la universidad?

14. Estudiamos álgebra en la clase de _____ .

15. En Wáshington D.C. hablan _____ .

VERTICAL

1. Hablar

3. Trabaja en el _____ de lenguas.

5. Los estudiantes estudian en la _____ .

7. Deseo una _____ de café.

10. Nosotros _____ una clase de historia.

Para leer

Read the following story, then answer the questions.

Roberto y Ana estudian en la Universidad de California en San Diego. Roberto toma muchas asignaturas este semestre: química, historia, inglés, biología, sociología y literatura. Ana toma tres clases: física, informática y sicología. Roberto no trabaja. Ana trabaja en el laboratorio de lenguas y en la biblioteca.

Ana y Roberto conversan en la cafetería. Ana toma una Coca-Cola y Roberto toma una taza de chocolate.

¡Conteste!

1. ¿Ana y Roberto estudian en Venezuela?

   _____

2. ¿Dónde trabaja Roberto este semestre?

   _____

3. ¿Qué materias toma Roberto?

   _____

4. ¿Cuántas clases toma Ana?

   _____

5. ¿Ana trabaja con una computadora en su clase de informática?

   _____

6. ¿Quién toma literatura este semestre?

   _____

7. ¿Dónde conversan Ana y Roberto?

   _____

8. ¿Quién toma chocolate?

   _____

9. En su opinión (*In your opinion*), ¿por qué no trabaja Roberto este semestre?

   _____

10. En su opinión, ¿por qué toma Ana solamente (*only*) tres clases este semestre?

   _____

1 Laboratory Activities

I. Vocabulario

The vocabulary will be read with pauses for you to repeat what you hear. Pay close attention to the speaker's pronunciation.

COGNADOS

la biología   biology
la cafetería   cafeteria
la clase   class
la física   physics
la historia   history
la literatura   literature
las matemáticas   mathematics
el semestre   semester
la universidad   university

NOMBRES

la asignatura, la materia   course, subject
la biblioteca   library
el café   coffee
la clase de informática   computer science class
el español   Spanish (*language*)
la hora   hour
el horario de clases   class schedule
la informática, la cibernética   computer science
el inglés   English (*language*)
el laboratorio de lenguas   language lab
la leche   milk
la química   chemistry
la taza   cup
el vaso   (drinking) glass

VERBOS

conversar   to talk, converse
desear   to wish, want
estudiar   to study
hablar   to speak
necesitar   to need
terminar   to end, finish, get through
tomar   to take (*a class*); to drink
trabajar   to work

OTRAS PALABRAS Y EXPRESIONES

a   at (*with time of day*)
a ver...   let's see . . .
al día   a day, per day
¿A qué hora?   (At) What time?
Aquí está.   Here it is.
¡Caramba!   Wow! Gee!
¿Cuántos(as)?   How many?
de   of
¿Dónde?   Where?
este semestre   this semester
Me voy.   I'm leaving.
¿Qué?   What?
¿Qué hora es?   What time is it?
y media   half past
¡Ya es tarde!   It's (already) late!

II. Diálogos: ¿Qué clases tomamos?

The dialogues will be read first without pauses. Pay close attention to the speakers' intonation and pronunciation patterns.

Cuatro estudiantes de Latinoamérica hablan en la Universidad de California en Los Ángeles. Pedro habla con Jorge.

Pedro: —¿Qué asignaturas tomas este semestre, Jorge?
Jorge: —Tomo matemáticas, inglés, historia y química. ¿Y tú?
Pedro: —Yo estudio biología, física, literatura y español.
Jorge: —Tú trabajas en la cafetería, ¿no?
Pedro: —No, trabajo en el laboratorio de lenguas.
Jorge: —¿Y Adela? ¿Dónde trabaja ella?
Pedro: —Ella y Susana trabajan en la biblioteca.
Jorge: —¿Cuántas horas trabajan?
Pedro: —Tres horas al día.

Elsa y Dora conversan en la cafetería.

Elsa: —¿Qué deseas tomar?
Dora: —Una taza de café. ¿Y tú?
Elsa: —Un vaso de leche.
Dora: —Oye, necesito el horario de clases.
Elsa: —Aquí está. ¿Cuántas clases tomas este semestre?
Dora: —Cuatro. A ver..., ¿a qué hora es la clase de informática?
Elsa: —Es a las nueve.
Dora: —¿Qué hora es?
Elsa: —Son las ocho y media.
Dora: —¡Caramba! ¡Ya es tarde! Me voy.
Elsa: —¿A qué hora terminas hoy?
Dora: —A la una. Hasta mañana.

Now the dialogues will be read with pauses for you to repeat what you hear. Imitate the speakers' intonation patterns.

III. Preguntas y respuestas

The speaker will ask several questions based on the dialogues. Answer each question, always omitting the subject. The speaker will verify your response. Repeat the correct answer.

1. ¿Pedro habla con Jorge o con Elsa?
2. ¿Jorge toma química o física?
3. ¿Pedro toma literatura o historia?
4. ¿Pedro trabaja en la cafetería o en el laboratorio de lenguas?
5. ¿Adela y Susana trabajan en la cafetería o en la biblioteca?
6. ¿Trabajan ocho horas o tres horas al día?
7. ¿Elsa desea tomar café o leche?
8. ¿La clase de informática es a las nueve o a las diez?
9. ¿Son las nueve y media o las ocho y media?
10. ¿Dora termina a las doce o a la una?

IV. Puntos para recordar

A. The speaker will ask several questions. Answer each one, always choosing the first possibility. The speaker will verify your response. Repeat the correct answer. Follow the model.

    MODELO: —¿Ud. habla inglés o español?
                   —*Hablo inglés.*

B. Answer each question you hear, using the cue provided. Pay special attention to the use of interrogative words. The speaker will verify your response. Repeat the correct answer. Follow the model.

    MODELO: —¿Dónde trabajas?   (en el laboratorio de lenguas)
                   —*Trabajo en el laboratorio de lenguas.*

C. Repeat each word you hear, adding the appropriate definite article. The speaker will verify your response. Repeat the correct answer. Follow the model.

    MODELO: universidad
                   la universidad

V. Ejercicio de comprensión

You will hear three statements about each picture. Circle the letter of the statement that best corresponds to the picture. The speaker will confirm your response.

1.

a b c

2.

a b c

3.

a b c

4.

a b c

5.

a b c

VI. Para escuchar y escribir

The speaker will read five sentences. Each sentence will be read twice. After the first reading, write what you have heard. After the second reading, check your work and fill in what you have missed.

1. _____

2. _____

3. _____

4. _____

5. _____

2 Workbook Activities

A. Complete the following chart with the missing forms of the infinitive, subject pronoun, and present indicative.

Infinitive	Subject Pronoun	Present Indicative
1. comer	yo	
2.		vivimos
3. beber	tú	
4.		decido
5. correr	Uds.	
6.		escribes
7. deber	él	
8.		comemos
9. vivir	Ud.	
10.		corres
11. decidir	nosotros	

B. Be an interpreter. What are these people saying?

1. "Are you from Puerto Rico, Roberto?"
   "No, we are Cuban."

_____

_____

2. "Are you a resident of California, Mr. Leyva?"
   "Yes, I am a professor at the university."

   _____

   _____

3. "Is today Wednesday?"
   "No, today is Thursday."

   _____

   _____

4. "Are you from Miami, Mr. Serrano?"
   "No, I am from California. They are from Miami."

   _____

   _____

C. Complete the chart below with the missing sentence forms in the affirmative, interrogative, or negative.

Affirmative	Interrogative	Negative
1. Él habla portugués.		
2.		Eva no es la cajera
3.	¿Aceptan cheques?	
4.		Ana no necesita el horario.
5. Tito es residente.		
6. Luis vive allí.		
7.	¿Pagamos hoy?	
8.		Nora no es cubana.

32

D. Complete the following sentences with the Spanish equivalent of the words in parentheses.

1. Ellos aceptan _____ cheques.   (*my*)

2. Necesitamos _____ identificación, señora.   (*your*)

3. _____ profesora vive cerca de la universidad.   (*our*)

4. Aquí tiene _____ licencia.   (*my*)

5. _____ idioma es el italiano.   (*her*)

6. Necesitamos _____ libros.   (*our*)

7. ¿Ella es _____ novia, Paquito?   (*your*)

8. Es el profesor _____ _____.   (*their*)

E. Complete the following sentences, using the Spanish equivalent of the words in parentheses.

1. Ellos hablan con _____ .
   (*Alberto's girlfriend*)

2. Teresa vive en _____ .
   (*María's apartment*)

3. Ana es _____ .
   (*Mrs. Vega's secretary*)

F. Unscramble the following groups of words to form logical sentences.

1. unidad / dólares / pagar / cada / debo / cien / por

   _____

   _____

2. universitaria / ellos / residencia / también / la / viven / en

   _____

   _____

3. ¿ / Rosa / de / trabaja / allí / cerca / ?

   _____

   _____

4. no / matrícula / hoy / pagar / último / el / es / día / la / para

_____

_____

G. Crucigrama

HORIZONTAL

2. Ellos _____ en la cafetería.

3. Vive en California. Es _____ de California.

4. Ella paga cien dólares por cada _____ .

6. Aceptamos cheques, _____ necesitamos una identificación.

8. Hoy es lunes. _____ es martes.

10. Ellos pagan con un _____ .

11. Es de California; es _____ .

13. Necesito la licencia para _____ .

15. Habla seis idiomas. Habla _____ idiomas.

17. Para estudiar en la universidad, debes pagar la _____ .

18. escribir: él y yo _____ .

19. La licencia para conducir es una _____ .

21. *cashier,* en español

VERTICAL

1. idioma que hablan en Portugal

2. Ella es de Cuba; es _____ .

5. En Italia hablan _____ .

7. *receipt,* en español

9. Ellos no _____ cheques.

12. El español es el _____ que hablan en Madrid.

14. Vive en la residencia _____ .

16. Es de París; habla _____ .

20. *boyfriend,* en español

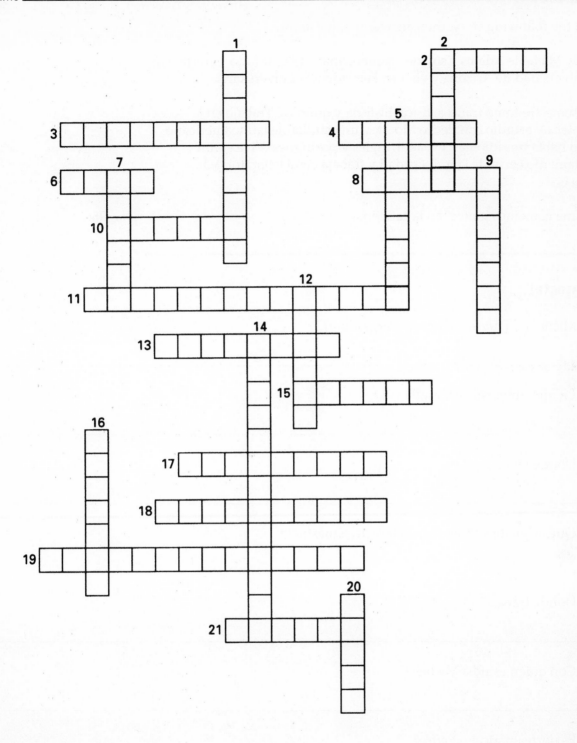

Para leer

Read the following story, then answer the questions.

Yo soy Michelle Adams y soy norteamericana—de Colorado. Estudio en la Universidad de Arizona y vivo en la residencia universitaria.

Este semestre tomo francés, física, historia y química. Trabajo en la biblioteca y estudio con Pedro Morales, un estudiante latinoamericano. Pedro habla tres idiomas: español, inglés y portugués. Vive en un apartamento cerca de la universidad y trabaja en el laboratorio de lenguas.

Mañana comemos juntos° en la cafetería.   together

¡Conteste!

1. ¿Michelle es norteamericana o argentina?

   _____

2. ¿En qué universidad estudia ella?

   _____

3. ¿Dónde vive?

   _____

4. ¿Qué asignaturas toma Michelle este semestre?

   _____

5. ¿Dónde trabaja?

   _____

6. ¿Con quién estudia Michelle?

   _____

7. ¿Es norteamericano Pedro?

   _____

8. ¿Vive Pedro en la residencia universitaria?

   _____

9. ¿Cuántos idiomas habla Pedro?

   _____

10. ¿Dónde comen mañana Michelle y Pedro?

   _____

2 Laboratory Activities

I. Vocabulario

The vocabulary will be read with pauses for you to repeat what you hear. Pay close attention to the speaker's pronunciation.

COGNADOS

el apartamento apartment
cubano(a) Cuban
el cheque check
el dólar dollar
la identificación identification
el italiano Italian (*language*)
norteamericano(a) (North) American
el portugués Portuguese (*language*)
el (la) residente resident
suficiente sufficient
la unidad unit (*of credit*)

NOMBRES

el (la) cajero(a) cashier
el francés French (*language*)
el idioma language
la licencia para conducir (manejar) driver's license
la mañana morning
la matrícula registration, tuition
la novia girlfriend (*steady*)
el novio boyfriend (*steady*)
el recibo receipt
la residencia universitaria dormitory
el trimestre quarter, trimester

VERBOS

aceptar to accept
beber to drink
comer to eat
correr to run
deber to have to, must, should
decidir to decide
escribir to write
pagar to pay
ser to be
vivir to live

OTRAS PALABRAS Y EXPRESIONES

allí, ahí there
Aquí tiene... Here is . . .
Bueno. Okay.
cada each, every
cerca (de) near
como siempre as usual, as always
de from
el último día para... the last day to . . .
mañana tomorrow
muchos(as) many
pero but
por for, per
sí yes
también also, too

II. Diálogos: El día de matrícula

The dialogues will be read first without pauses. Pay close attention to the speakers' intonation and pronunciation patterns.

En una universidad en Miami.

Hoy es el último día para pagar la matrícula. Juan habla con la cajera.

Juan:	—¿Cuánto debo pagar por cada unidad?
Cajera:	—¿Es Ud. residente?
Juan:	—Sí, soy residente.
Cajera:	—Setenta y cinco dólares por unidad.
Juan:	—¿Aceptan cheques?
Cajera:	—Sí, pero necesita una identificación.
Juan:	—¿Mi licencia para conducir es suficiente?
Cajera:	—Sí. Aquí tiene su recibo.

Juan escribe su horario de clases en su cuaderno.

Juan y Roberto deciden comer en la cafetería. Allí hablan con Olga, la novia de Roberto.

Olga:	—¿De dónde eres, Juan?
Juan:	—Soy de México. Tú eres cubana, ¿no?
Olga:	—No, soy norteamericana. Soy de Arizona.
Juan:	—¿Vives en la residencia universitaria?
Olga:	—No, vivo en un apartamento, cerca de la universidad.
Juan:	—¿Qué clases tomas este trimestre?
Olga:	—Matemáticas, francés, italiano y también portugués.
Juan:	—¡Caramba! Estudias muchos idiomas.
Olga:	—Sí. Oye, ¿deseas una taza de café?
Juan:	—No, gracias. No bebo café.
Olga:	—¿Y tú, Roberto?
Roberto:	—Sí, por favor. ¿Corremos mañana por la mañana?
Olga:	—Bueno, a las seis, como siempre.

Now the dialogues will be read with pauses for you to repeat what you hear. Imitate the speakers' intonation patterns.

III. Preguntas y respuestas

The speaker will ask several questions based on the dialogues. Answer each question, always omitting the subject. The speaker will verify your response. Repeat the correct answer.

1. ¿Juan debe pagar setenta y cinco dólares u ochenta y cinco dólares por unidad?
2. ¿Juan escribe el horario de clases o la lección de química?
3. ¿Olga es la novia de Roberto o de Juan?
4. ¿Juan es de Cuba o de México?
5. ¿Olga es cubana o norteamericana?
6. ¿Olga vive en la residencia universitaria o en un apartamento?
7. ¿Olga toma matemáticas o física?

8. ¿Olga estudia idiomas o biología?
9. ¿Juan no bebe café o no bebe leche?
10. ¿Roberto y Olga estudian o corren mañana por la mañana?

IV. Puntos para recordar

A. The speaker will ask several questions. Answer each one, using the cue provided. The speaker will verify your response. Repeat the correct answer. Follow the model.

> MODELO: —¿Qué bebes tú?   (café)
> —*Bebo café.*

B. The speaker will name a series of people and places. Using the appropriate form of the verb **ser,** say where the people are from. The speaker will verify your response. Repeat the correct answer. Follow the model.

> MODELO: Ud. / California
> *Ud. es de California.*

C. Answer each question you hear in the negative, always omitting the subject. The speaker will verify your response. Repeat the correct answer. Follow the model.

> MODELO: —¿Tú corres por la mañana?
> —*No, no corro por la mañana.*

D. Answer each question you hear, using the cue provided. The speaker will verify your response. Repeat the correct answer. Follow the model.

> MODELO: —¿De dónde es tu profesora?   (Honduras)
> —*Mi profesora es de Honduras.*

E. The speaker will name a series of objects and their owners. Using the verb **ser,** say to whom the items belong. The speaker will verify your response. Repeat the correct answer. Follow the model.

> MODELO: el libro   (Elena)
> *Es el libro de Elena.*

V. Ejercicio de comprensión

You will hear three statements about each picture. Circle the letter of the statement that best corresponds to the picture. The speaker will verify your response.

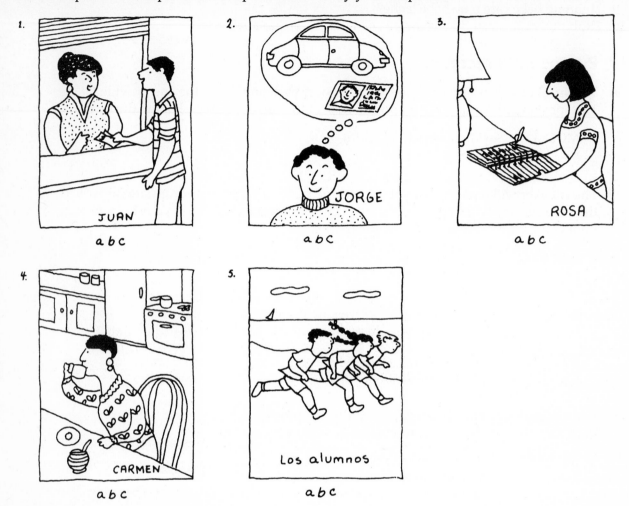

VI. Para escuchar y escribir

The speaker will read five sentences. Each sentence will be read twice. After the first reading, write what you have heard. After the second reading, check your work and fill in what you have missed.

1. _____

2. _____

3. _____

4. _____

5. _____

Workbook Activities

A. Answer the following questions, using the cues provided.

1. ¿A qué hora vienes hoy?   (a las ocho)

_____

2. ¿Cuántos hermanos tienen Uds.?   (cuatro)

_____

3. ¿Qué clases tienes que tomar?   (una clase de física)

_____

4. ¿Con quién vienen Uds.?   (con nuestros padres)

_____

5. ¿Cuántos libros tiene Teresa?   (veinte)

_____

B. You find yourself in the following situations. Using expressions with *tener*, tell how you feel (i.e., hot, hungry, and so on).

1. You are in Alaska, and it is winter.

_____

2. You haven't slept for two days.

_____

3. You are late for class.

_____

4. You are in Phoenix, Arizona. It is July.

_____

5. You haven't had a bite to eat all day.

_____

6. You are alone in a haunted house.

_____

7. You really need something to drink.

_____

C. Give the Spanish equivalent of the following sentences.

1. I have three brothers and he has two sisters.

_____

2. They're not taking Olga to the party.

_____

3. Do you know Teresa, Mr. Soto?

_____

4. We don't know David.

_____

5. I have to take the books to the library.

_____

D. Complete the following sentences with **de** + definite article or **a** + definite article.

1. Olga viene _____ cine.

   _____ fiesta.

   _____ clases.

   _____ laboratorio de lenguas.

2. Roberto conoce _____ señora.

   _____ estudiantes.

   _____ jefe de Raúl.

   _____ señoritas.

3. Son las hermanas _____ señor Soto.

   _____ señora Díaz.

   _____ profesores.

   _____ señoritas.

E. Complete the following sentences, using the present indicative of **estar, ir,** or **dar.**

1. Mi jefe _____ una fiesta hoy.

2. Nosotros _____ a la universidad con Jorge.

3. Yo _____ muy cansado. ¿Tú _____ muy cansado también?

4. Los sándwiches _____ aquí. ¿Dónde _____ el queso?

5. ¡Hola, María! ¿A dónde _____? Yo _____ a la biblioteca.

6. Yo no _____ fiestas en mi apartamento.

7. Nosotros _____ en la biblioteca. ¿Dónde _____ ustedes?

8. Mis tíos _____ a la discoteca. ¿A dónde _____ Ud.?

F. Complete the following sentences, using the appropriate present indicative forms of **saber** or **conocer.**

1. Yo _____ a Inés, pero no _____ dónde vive.

2. ¿Tú _____ portugués?

3. Nosotros _____ París, pero no _____ hablar francés.

4. ¿Tú _____ el número de teléfono de Norma?

5. Ana no _____ las novelas de Cervantes.

6. ¿Ud. _____ el poema de memoria?

G. Unscramble the following groups of words to form logical sentences.

1. noche / discoteca / por / una / a / la / vamos

   _____

2. jefe / invitados / da / mi / fiesta / una / estamos / y

   _____

3. actividades / semana / varias / planean / el / para / de / fin

_____

H. Crucigrama

HORIZONTAL

1. *activities*, en español
4. Tengo un hermano y una _____ .
5. *Cheddar* es un tipo de _____ .
6. El hermano de mi mamá es mi _____ .
7. papá y mamá
10. Vamos a la _____ para bailar.
13. *to skate*, en español
14. *swimming pool*, en español
15. hacer planes
17. Tengo hambre. ¿Hay _____ para comer?
18. lo que hacemos en la piscina
19. La banana es una _____ .
20. ¿Hay Coca-Cola? Tengo mucha _____ .
22. *we learn*, en español

VERTICAL

2. Vamos a un _____ de musica clásica.
3. *couple*, en español
6. ¿Van al cine o al _____ ?
8. Hay siete días en una _____ .
9. juego
11. Dan una fiesta y Ana está _____ .
12. Ana no _____ nadar.
15. ideal
16. Tengo _____ de ir al cine.
21. *afterwards*, en español

3 Laboratory Activities

I. Vocabulario

The vocabulary will be read with pauses for you to repeat what you hear. Pay close attention to the speaker's pronunciation.

COGNADOS

el béisbol baseball
el café cafe (*restaurant*)
el club club
el concierto concert
la discoteca discotheque
la fruta fruit
la idea idea
invitados(as) invited
perfecto(a) perfect
el teatro theatre
varias actividades various activities

NOMBRES

el café al aire libre outdoor cafe
el cine movies
la esposa wife
el esposo husband
el estadio stadium
la fiesta party
el fin de semana weekend
la hermana sister
el hermano brother
el (la) jefe(a) boss
el juego, el partido game
los padres parents
la pareja couple
la piscina swimming pool
el queso cheese
la tía aunt
el tío uncle
la verdad truth

VERBOS

aprender to learn
conocer (yo conozco) to be acquainted with, to know (*someone*)
dar to give
estar to be
hacer (yo hago) to do
ir to go
llevar to take (*someone or something someplace*)
nadar to swim
patinar to skate
planear to plan
saber (yo sé) to know (*a fact; how to do something*)
tener (yo tengo) to have
venir (yo vengo) to come
ver (yo veo) to see

OTRAS PALABRAS Y EXPRESIONES

¿A dónde? Where (to)?
al día siguiente (on) the following day
algo para comer something to eat
buena idea good idea
después afterwards
Es verdad. It's true.
esta noche tonight
estar cansado(a) to be tired
ir a nadar to go swimming
jugar al tenis to play tennis
Me gusta... I like . . . (It appeals to me . . .)
  para for
Te gusta... You (*fam.*) like . . . (It appeals to you . . .)
tener ganas de to feel like (*doing something*)

tener (mucha) hambre   to be (very) hungry
tener que + *infinitive*   to have to + *infinitive*
tener sed   to be thirsty
todos(as)   all, everybody

tomar algo   to have something to drink
un rato   a while
Vamos.   Let's go.

II. Diálogos: Actividades para un fin de semana

The dialogues will be read first without pauses. Pay close attention to the speakers' intonation and pronunciation patterns.

Lupe y su esposo, Raúl, planean varias actividades para el fin de semana. La pareja vive en San Juan, la capital de Puerto Rico.

Lupe:	—Esta noche estamos invitados a ir al teatro con tus tíos.
Raúl:	—¿Por qué no llevamos también a mi hermana?
Lupe:	—No, hoy ella va al cine con su novio.
Raúl:	—Es verdad. ¡Ah! Mañana vienen tus padres a comer, ¿no?
Lupe:	—Sí, y después vamos todos al club a jugar al tenis.
Raúl:	—No me gusta jugar al tenis. ¿Por qué no vamos a nadar?
Lupe:	—Pero yo no sé nadar bien.
Raúl:	—Tienes que aprender, Lupita.
Lupe:	—Bueno, vamos a la piscina, y por la noche vamos al concierto.
Raúl:	—Perfecto. Oye, tengo mucha hambre. ¿Hay algo para comer?
Lupe:	—Sí, tenemos queso y frutas.

Al día siguiente, Carmen, la hermana de Raúl, está en un café al aire libre con su novio, Héctor.

Carmen:	—¿Qué hacemos esta tarde? ¿A dónde vamos...? ¿Vamos a patinar?
Héctor:	—No sé... Estoy cansado y tengo ganas de ver el juego de béisbol.
Carmen:	—Bueno, vamos al estadio y por la noche vamos a una discoteca.
Héctor:	—No, mi jefe da una fiesta esta noche y estamos invitados.
Carmen:	—¡Ay, Héctor! Yo no conozco a tu jefe.
Héctor:	—¿Por qué no vamos a la fiesta un rato y después vamos a la discoteca?
Carmen:	—¡Buena idea! Oye, ¿tomamos algo? Tengo sed.

Now the dialogues will be read with pauses for you to repeat what you hear. Imitate the speakers' intonation patterns.

III. Preguntas y respuestas

The speaker will ask several questions based on the dialogues. Answer each question, omitting the subject whenever possible. The speaker will verify your response. Repeat the correct answer.

1. ¿Lupe y Raúl planean actividades para el verano o para el fin de semana?
2. ¿La pareja vive en Puerto Rico o en México?
3. ¿Planean ir al teatro por la tarde o por la noche?
4. ¿Mañana vienen a comer los padres de Lupe o los padres de Raúl?
5. ¿Lupe tiene que aprender a nadar bien o a jugar al tenis?
6. ¿Raúl desea comer o tomar algo?
7. ¿Carmen es la hermana o la tía de Raúl?
8. ¿Héctor tiene ganas de ver el juego de béisbol o de patinar?
9. ¿Quién da una fiesta, el jefe de Héctor o la novia de Héctor?
10. Después de la fiesta, ¿van a una discoteca o al cine?

IV. Puntos para recordar

A. Say what the people mentioned have to do and when they come to the university. The speaker will verify your response. Repeat the correct answer. Follow the model.

> MODELO: Rosa / tomar francés / los jueves
> —*Rosa tiene que tomar francés. Viene los jueves.*

B. The speaker will ask several questions. Answer each one, using the cue provided. The speaker will verify your response. Repeat the correct answer. Follow the model.

> MODELO: —¿De quién es el libro?   (el profesor)
> —*Es del profesor.*

C. The speaker will give you some cues. Use them to say where the people mentioned are, how they are, what they give or where they go. The speaker will verify your response. Repeat the correct answer. Follow the model.

> MODELO: Jorge / al cine
> *Jorge va al cine.*

D. The speaker will give you some cues. Use them to say what or whom the people mentioned know or what do they know how to do, using **saber** or **conocer.** The speaker will verify your response. Repeat the correct answer. Follow the model.

> MODELO: Yo / al novio de Alina
> *Yo conozco al novio de Alina.*

V. Ejercicio de comprensión

You will hear three statements about each picture. Circle the letter of the statement that best corresponds to the picture. The speaker will verify your response.

1. a b c

2. a b c

3. a b c

4. a b c

5. a b c

6. a b c

VI. Para escuchar y escribir

The speaker will read five sentences. Each sentence will be read twice. After the first reading, write what you have heard. After the second reading, check your work and fill in what you have missed.

1. _____

   _____

2. _____

   _____

3. _____

   _____

4. _____

   _____

5. _____

   _____

4 Workbook Activities

A. Complete each sentence, using the appropriate adjective from the following list.

simpáticas   azules   rojo   norteamericano   cubanos
alto   negra   blancas   norteamericanas   cubana

1. Los chicos _____ no hablan inglés.

2. Necesito el lápiz _____ .

3. El profesor _____ no habla español.

4. Los lápices son _____ .

5. La pluma _____ es de Juan.

6. Las chicas _____ no hablan francés.

7. Mi hija es _____ .

8. Necesito las tizas _____ .

9. Roberto es muy _____ .

10. Mis hijas son muy _____ .

B. Rewrite the following sentences to tell what the people are going to do instead of what they are doing.

1. Ellos bailan en la fiesta.

_____

2. Nosotros llamamos por teléfono a Jorge.

_____

3. ¿Uds. comen en la cafetería?

_____

4. Yo hablo con los estudiantes.

_____

5. Tú escribes en la pizarra.

_____

6. Roberto bebe café.

_____

C. Rewrite the following sentences to agree with the new subject.

1. Yo quiero tomar cerveza.

Nosotros _____ .

2. La fiesta empieza a las ocho.

Ellos _____ .

3. Nosotros preferimos los restaurantes italianos.

Él _____ .

4. ¿Tú piensas ir a la fiesta?

¿Uds. _____ ?

5. Nosotros comenzamos a las nueve.

Tú _____ .

6. Nosotros queremos comer ensalada.

Marta y Julia _____ .

7. Yo no pienso llamar a Gonzalo.

Nosotros _____ .

8. ¿Tú prefieres vino o cerveza?

¿Uds. _____ ?

D. Compare the following people and things to each other.

1. Luis es _____ Raúl y Paco.

   Paco es _____ Raúl y Luis.

   Paco es _____ de los tres.

   Luis es _____ de los tres.

2. Ana es _____ Eva.

   Dora es _____ Eva.

   Ana es _____ de las tres.

   Dora es _____ de las tres.

   Eva es _____ alta _____ Dora.

3. El coche (*car*) de Elsa es _____ el coche de Tito.

   El coche de Olga es _____ el coche de Tito.

   El coche de Elsa es _____ de todos.

   El coche de Olga es _____ de todos.

E. Write the following numbers in Spanish.

1. 305: _____

2. 580: _____

3. 9.766: _____

4. 695: _____

5. 3.813: _____

6. 1.420: _____

7. 8.978: _____

8. 13.215: _____

F. Unscramble the following groups of words to form logical sentences.

1. una / azules / de / Irene / pelo / chica / es / castaño / ojos / y

   _____

   _____

2. a / fiesta / da / ellos / bienvenida / ir / de / piensan / que / la / Luis

   _____

   _____

3. yo / hija / teléfono / que / por / tengo / a / su / llamar

   _____

   _____

G. Crucigrama

HORIZONTAL

3. chica

4. No tengo discos, pero tengo _____ .

6. Elsa tiene _____ castaños.

7. Mi tocadiscos es bueno, pero el de ellos es _____ .

9. bailar: ella y yo _____ .

12. Para _____ quiero sándwiches.

14. La fiesta _____ a las nueve.

15. La fiesta es el _____ sábado.

18. No quiero discos porque no tengo _____ .

21. Para ir a la fiesta, necesito una _____ .

22. ¿Llamas a las chicas por _____ ?

24. Él tiene el _____ rubio.

25. CD: disco _____ .

VERTICAL

1. Rosa es de _____ mediana.

2. *handsome,* en español

5. Elena no es rubia. Es _____ .

7. Raúl tiene veinte años y Ana tiene quince. Él es _____ que ella.

8. *salad,* en español

10. Voy a _____ a Rita por teléfono.

11. Rita es mi _____ de cuarto.

13. Damos una fiesta de _____ para Carlos.

16. Mi hermano no es estúpido. Es muy _____ .

17. *great,* en español

19. *charming,* en español

20. No es alto. Es _____ .

23. Ellos conversan _____ bailan.

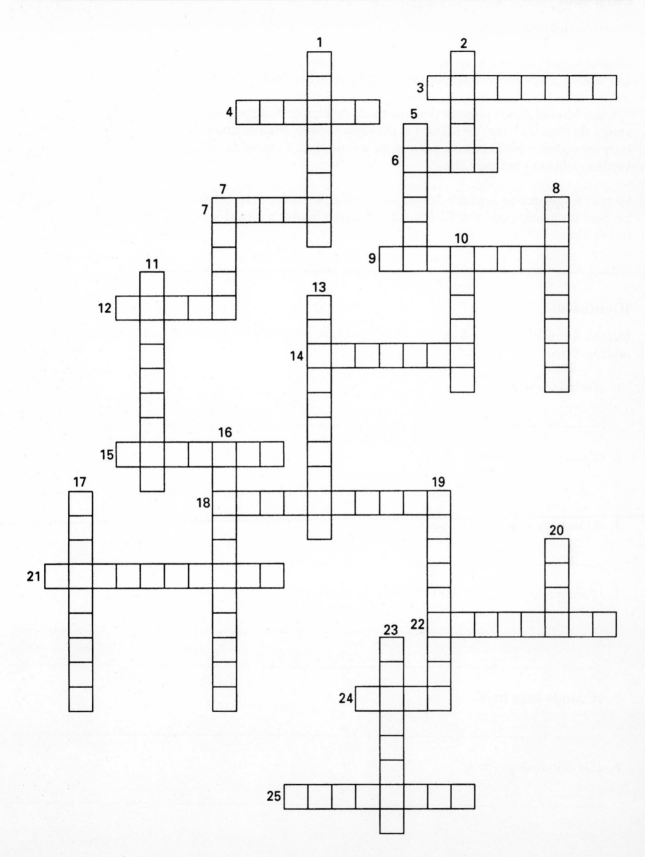

Para leer

Read the following story.

Miguel Ángel Campos es un muchacho de San José, Costa Rica. Su novia, Estela Ruiz, es de Honduras, pero vive también en San José.

Estela y Miguel Ángel piensan dar una fiesta de bienvenida para una amiga de ellos que llega de México el próximo sábado. Irma es una chica muy inteligente. No es bonita, pero es muy simpática. Es morena, de ojos verdes, delgada y no muy alta.

Miguel Ángel quiere invitar a treinta o cuarenta personas, pero Estela prefiere un grupo pequeño. Finalmente° deciden invitar a diez chicas y a once chicos.

finally

¡Conteste!

Miguel Ángel himself is asking you these questions. Answer them, using the **tú** form to address him.

1. ¿De dónde soy yo?

   _____

2. ¿Quién es Estela Ruiz?

   _____

3. ¿Dónde vivimos Estela y yo?

   _____

4. ¿Para quién pensamos dar una fiesta de bienvenida?

   _____

   _____

5. ¿Cuándo llega Irma?

   _____

6. ¿De dónde llega Irma?

   _____

7. ¿Cómo es Irma? (*What is Irma like?*)

_____

8. ¿A cuántas personas quiero invitar yo?

_____

9. ¿Qué prefiere mi novia?

_____

10. ¿Qué decidimos Estela y yo finalmente?

_____

4 Laboratory Activities

I. Vocabulario

The vocabulary will be read with pauses for you to repeat what you hear. Pay close attention to the speaker's pronunciation.

COGNADOS

la ensalada   salad
el grupo   group
inteligente   intelligent
la invitación   invitation
el ponche   punch
el sándwich   sandwich
el teléfono   telephone

NOMBRES

el (la) amigo(a)   friend
la cerveza   beer
la cinta, el caset   tape
el (la) compañero(a) de cuarto   roommate
el disco   record
   ——compacto   compact disc (CD)
la fiesta de bienvenida   welcome party
la muchacha, la chica   girl, young woman
el muchacho, el chico   boy, young man
los ojos   eyes
el pelo   hair
el refresco   soft drink, soda
el tocadiscos   record player
la torta   cake
el vino   wine

VERBOS

bailar   to dance
creer   to think, to believe
empezar (e > ie), comenzar (e > ie)   to start, to begin
llamar   to call
llegar   to arrive
pensar (e > ie)   to think
pensar + *infinitive*   to plan to + *infinitive*
preferir (e > ie)   to prefer
querer (e > ie)   to want, to wish

ADJETIVOS

alto(a)   tall
bajo(a)   short (*height*)
bonito(a)   pretty, attractive
bueno(a)   good
castaño   brown (*hair or eyes*)
delgado(a)   slim, thin
guapo(a)   handsome, good looking
hermoso(a)   beautiful
mejor   better
menor   younger
moreno(a)   dark, brunette
próximo(a)   next
rico(a)   rich
rubio(a)   blond
seguro(a)   sure
simpático(a)   charming, nice, fun to be with

OTRAS PALABRAS Y EXPRESIONES

¿Cómo es...?   What is . . . like?
cómo no   of course, sure
de estatura mediana   of medium height
entonces   then, in that case
hasta   until
lo importante   the important thing
llamar por teléfono   to phone
¡Magnífico!   Great!
mientras   while
o   or
para comer   to eat
si   if

II. Diálogos: Una fiesta de bienvenida

The dialogues will be read first without pauses. Pay close attention to the speakers' intonation and pronunciation patterns.

Eva, la hermana menor de Luis, llega hoy a San José y él da una fiesta para ella.

Luis llama por teléfono a su amiga Estela.

Luis:	—Hola, ¿Estela? Habla Luis.
Estela:	—Hola, ¿qué tal, Luis?
Luis:	—Bien. Oye, voy a dar una fiesta de bienvenida para Eva. ¿Quieres venir?
Estela:	—Sí, cómo no. ¿Cuándo es?
Luis:	—El próximo sábado. Empieza a las ocho de la noche.
Estela:	—Gracias por la invitación. ¿Juan y Olga van también?
Luis:	—No estoy seguro, pero creo que piensan venir.
Estela:	—¿Andrés va a llevar sus discos compactos y sus cintas?
Luis:	—Sí, pero mi tocadiscos no es muy bueno.
Estela:	—Si quieres, llevo mi tocadiscos; es mejor que el de Uds.
Luis:	—¡Magnífico! Hasta el sábado, entonces.

En la fiesta, Pablo y Estela conversan mientras bailan. Pablo es moreno y guapo y mucho más alto que Estela. Ella es una muchacha bonita, rubia, de ojos azules, delgada y de estatura mediana.

Estela:	—Pablo, tienes que conocer a Sara, mi compañera de cuarto.
Pablo:	—¿Cómo es? ¿Alta... baja...? ¿Es tan hermosa como tú?
Estela:	—¡Es muy bonita! Tiene pelo negro y ojos castaños. ¡Y es muy simpática!
Pablo:	—Pero, ¿es inteligente? Y, lo más importante... ¿es rica?
Estela:	—Sí, es rica; y es la más inteligente del grupo.
Pablo:	—¡Perfecto! Oye, ¿quieres cerveza o vino blanco?
Estela:	—Prefiero ponche o refresco. Tengo hambre. ¿Qué tienen para comer?
Pablo:	—Sándwiches, ensaladas, tortas...
Estela:	—¡Vamos a comer algo!

Now the dialogues will be read with pauses for you to repeat what you hear. Imitate the speakers' intonation patterns.

III. Preguntas y respuestas

The speaker will ask several questions based on the dialogues. Answer each question, always omitting the subject. The speaker will verify your response. Repeat the correct answer.

1. ¿Eva es la hermana o la novia de Luis?
2. ¿Luis da una fiesta para Eva o para Estela?
3. ¿Luis llama por teléfono a Estela o a Eva?
4. ¿La fiesta es el próximo sábado o el próximo viernes?
5. ¿La fiesta empieza a las ocho o a las nueve de la noche?
6. ¿Andrés va a llevar sus discos compactos o su tocadiscos?
7. ¿Pablo es rubio o moreno?
8. ¿Estela tiene ojos verdes o azules?
9. ¿Estela es alta o de estatura mediana?
10. ¿Sara es la hermana o la compañera de cuarto de Estela?
11. ¿Estela prefiere ponche o cerveza?
12. ¿Estela quiere comer algo o quiere bailar?

IV. Puntos para recordar

A. The speaker will read several sentences, and will provide a cue for each one. Substitute the cue you hear in each sentence, making all necessary changes. The speaker will verify your response. Repeat the correct answer. Follow the model.

       MODELO: El hombre es italiano.   (mujeres)
                      Las mujeres son italianas.

B. The speaker will ask several questions. Answer each one, using the cue provided. The speaker will verify your response. Repeat the correct answer. Follow the model.

       MODELO: —¿Con quién vas a bailar?   (Daniel)
                      —Voy a bailar con Daniel.

C. The speaker will read several sentences, and will provide a verb cue for each one. Substitute the new verb in each sentence, making all necessary changes. The speaker will verify your response. Repeat the correct answer. Follow the model.

       MODELO: Nosotros deseamos ir.   (querer)
                      Nosotros queremos ir.

D. The speaker will ask several questions. Answer each one, using the cue provided. The speaker will verify your response. Repeat the correct answer. Follow the model.

       MODELO: —¿Quién es la más inteligente de la clase?   (Elsa)
                      —Elsa es la más inteligente de la clase.

V. Ejercicio de comprensión

You will hear three statements about each picture. Circle the letter of the statement that best corresponds to the picture. The speaker will verify your response.

1.

ANA
PABLO

a b c

2.

EVA
RICARDO

a b c

3.

¿ ?
Sí.
EVA

a b c

4.

EDUARDO

a b c

5.

ELSA

a b c

6.

PEDRO
RITA

a b c

VI. Para escuchar y escribir

A. The speaker will dictate twelve numbers. Each number will be repeated twice. Write them, using numerals rather than words.

1. _____ 5. _____ 9. _____

2. _____ 6. _____ 10. _____

3. _____ 7. _____ 11. _____

4. _____ 8. _____ 12. _____

B. The speaker will read five sentences. Each sentence will be read twice. After the first reading, write what you have heard. After the second reading, check your work and fill in what you have missed.

1. _____

2. _____

3. _____

4. _____

5. _____

5

Workbook Activities

A. Be an interpreter. What are these people saying?

1. "At what time do they return home?"
   "He says that they return at seven-thirty."

   _____

   _____

2. "How much do the postcards cost?"
   "I don't remember."

   _____

   _____

3. "Can I take the money out of my savings account?"
   "Yes, at any time."

   _____

   _____

4. "What do you serve in the morning?"
   "We serve coffee."

   _____

   _____

B. Rewrite the following sentences using the present progressive. Follow the model.

   MODELO: Ella habla con Teresa.
             Ella está hablando con Teresa.

1. ¿Qué buscas?

   _____

2. Los chicos duermen.

   _____

3. Ellos sacan el dinero.

_____

4. Teresa hace diligencias.

_____

5. ¿Qué dicen ustedes?

_____

6. Nosotros no pedimos dinero.

_____

7. Yo leo una tarjeta postal.

_____

8. ¿Ud. escribe cartas?

_____

C. Complete the following sentences, using the present indicative of **ser** or **estar.**

1. Carmen _____ cubana, pero ahora _____ en Puerto Rico.

2. ¿Julio _____ profesor? i _____ muy joven (*young*)!

3. Las estampillas que _____ en la mesa _____ de Marta.

4. ¿Las ventanas _____ cerradas?

5. ¡Oscar _____ muy guapo hoy!

6. ¿Qué hora _____ ? ¿ _____ las cuatro?

7. Ramón _____ alto y delgado.

8. ¿Cómo _____ Ud.? ¿Bien?

9. ¿Qué día _____ hoy? ¿ _____ domingo?

10. Las sillas _____ de metal.

11. La fiesta _____ en la casa de Julio.

12. ¿Qué _____ diciendo tú?

D. Change each demonstrative adjective to agree with the nouns provided.

1. este hombre, _____ mujer, _____ mujeres,

   _____ chicos, _____ señor

2. esas cuentas, _____ cheque, _____ empleados,

   _____ cajera, _____ ventanillas

3. aquellos señores, _____ casa, _____ apartamento,

   _____ chicas, _____ profesores

E. Write sentences using the expression **hace... que** and the elements given.

1. tres años / yo / estudiar español

   _____

2. ¿Cuánto tiempo / tú / no comer / torta?

   _____

3. dos horas / nosotros / estar / en el banco

   _____

4. veinte minutos / ellos / hablar / con el empleado

   _____

5. dos semanas / ella / no venir / a clase

   _____

F. Unscramble the following groups of words to form logical sentences.

1. depositar / corriente / voy / mi / cuenta / a / dólares / en / mil

   _____

   _____

2. ¿ / Venezuela / postal / cuánto / una / mandar / cuesta / a / tarjeta / ?

   _____

   _____

3. mi / en / sacar / momento / dinero / puedo / cualquier

_____

_____

G. Crucigrama

HORIZONTAL

2. Lo necesitamos para comprar cosas (*things*).

6. ¿Dónde está el _____ de cheques?

7. opuesto de **pierde**

8. personas

9. Vamos a la _____ de correos.

10. opuesto de **cierran**

11. Venden sellos en la _____ número dos.

13. Voy a pedir un _____ en el banco.

16. envía

17. en este momento

18. *to sleep*, en español

19. Hoy tengo que hacer muchas _____ .

21. Enviamos las cartas por vía _____ .

VERTICAL

1. Tengo que enviar un _____ postal.

3. sello

4. Quiero enviar una _____ postal.

5. opuesto de **dar**

12. *clerk,* en español

14. Tengo una cuenta corriente y una cuenta de _____ .

15. ¿Puedo sacar mi dinero en _____ momento?

20. No es importante: No _____ .

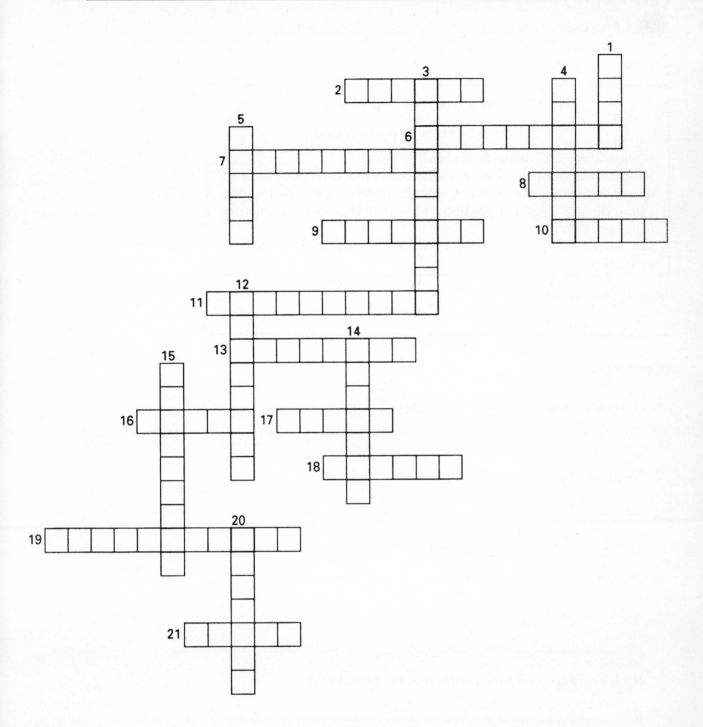

Para leer

Read the following announcement, then answer the questions.

Un anuncio° del Banco Nacional del Paraguay en Asunción, Paraguay.   ad

---

BANCO NACIONAL DEL PARAGUAY

(Horas: lunes a viernes de nueve a tres)

¿Quiere abrir una cuenta de ahorros?
Nosotros pagamos un interés del ocho por ciento. Ud. puede sacar su dinero en cualquier momento sin° perder el interés. ¡Una oportunidad   without
extraordinaria! También pagamos interés en las cuentas corrientes (cinco por ciento).
Los cheques son gratis° si Ud. deposita un mínimo de quinientos mil   free
guaraníes.[1]

---

[1]Paraguayan currency.

¡Conteste!

1. ¿En qué cuidad está el Banco Nacional del Paraguay?

   _____

2. ¿A qué hora abre el banco? ¿A qué hora cierra (*closes*)?

   _____

   _____

3. ¿Puedo sacar mi dinero del banco el sábado? ¿Por qué?

   _____

   _____

4. ¿Qué interés paga el banco en las cuentas de ahorros?

   _____

5. Voy a sacar mi dinero de la cuenta de ahorros. ¿Voy a perder el interés?

   _____

6. ¿Es una buena idea depositar dinero en el Banco Nacional del Paraguay? ¿Por qué?

   _____

7. ¿Paga el banco interés en las cuentas corrientes? ¿Cuánto?

_____

8. ¿Cuánto dinero debo depositar para tener cheques gratis?

_____

5

Laboratory Activities

I. Vocabulario

The vocabulary will be read with pauses for you to repeat what you hear. Pay close attention to the speaker's pronunciation.

COGNADOS

el banco bank
el departamento department
la información information
el interés interest
el minuto minute
el momento moment
la parte part
el taxi taxi

NOMBRES

el (la) cajero(a) teller
la casa house, home
la ciudad city
la cuenta account
la cuenta corriente checking account
la cuenta de ahorros savings account
el cheque de viajero traveler's check
el dinero money
el (la) empleado(a) clerk
la estampilla, el sello stamp
la gente people
el giro postal money order
el número number
la oficina de correos, el correo post office
el préstamo loan
el talonario de cheques checkbook
la tarjeta postal postcard
la ventanilla window (*in a bank, ticket office, etc.*)

VERBOS

abrir to open
buscar to look up, to look for
comprar to buy

conseguir (e > i) to obtain, to get
costar (o > ue) to cost
depositar to deposit
encontrar (o > ue) to find
entrar (en) to enter, to go into
enviar, mandar to send
pedir (e > i) to ask for, to request
perder (e > ie) to lose
poder (o > ue) to be able to, can
recordar (o > ue) to remember
sacar to take out
volver (o > ue) to return, to go (come) back

ADJETIVOS

certificado(a) registered
otro(a) other, another

OTRAS PALABRAS Y EXPRESIONES

a casa home
ahora now
aquí here
cobrar un cheque to cash a check
en cualquier momento at any time
en efectivo cash
¿En qué puedo servirle? What can I do for you?
estas cartas these letters
hacer cola to stand in line
haciendo diligencias running errands
No importa. It doesn't matter.
por ciento percent
por fin finally
por vía aérea air mail
que that
sobre, de about

79

II. Diálogos: En el banco y en la oficina de correos

The dialogues will be read first without pauses. Pay close attention to the speakers' intonation and pronunciation patterns.

En el Banco de América, en la Ciudad de Panamá.

Son las diez de la mañana y Alicia entra en el banco. No tiene que hacer cola porque no hay mucha gente.

Cajero:	—¿En qué puedo servirle, señorita?
Alicia:	—Quiero abrir una cuenta de ahorros. ¿Qué interés pagan?
Cajero:	—Pagamos el seis por ciento.
Alicia:	—¿Puedo sacar mi dinero en cualquier momento?
Cajero:	—Sí, pero va a perder parte del interés.
Alicia:	—Bueno, ahora deseo cobrar este cheque.
Cajero:	—¿Cómo quiere el dinero?
Alicia:	—Cien balboas en efectivo. Voy a depositar mil en mi cuenta corriente.
Cajero:	—Necesito el número de su cuenta.
Alicia:	—Un momento... No encuentro el talonario de cheques y no recuerdo el número...
Cajero:	—No importa. Yo puedo buscar el número.
Alicia:	—Ah, ¿dónde consigo cheques de viajero?
Cajero:	—En la ventanilla número dos.

En otro departamento, Alicia pide información sobre un préstamo.

Hace veinte minutos que Alicia está en la oficina de correos cuando por fin llega a la ventanilla. Ahora está comprando estampillas y pidiendo información.

Alicia:	—Deseo mandar estas cartas por vía aérea.
Empleado:	—¿Certificadas?
Alicia:	—Sí, por favor. ¿Cuánto es?
Empleado:	—Son diez balboas, señorita.
Alicia:	—También necesito estampillas para tres tarjetas postales.
Empleado:	—Aquí están.
Alicia:	—Gracias. ¿Cuánto cuesta enviar un giro postal a México?
Empleado:	—Veinte balboas.

Alicia está un poco cansada y decide tomar un taxi para volver a su casa.

Now the dialogues will be read with pauses for you to repeat what you hear. Imitate the speakers' intonation patterns.

III. Preguntas y respuestas

The speaker will ask several questions based on the dialogues. Answer each question, always omitting the subject. The speaker will verify your response. Repeat the correct answer.

1. ¿Alicia quiere abrir una cuenta corriente o una cuenta de ahorros?
2. ¿Alicia quiere el dinero en un cheque o en efectivo?
3. ¿El cajero puede buscar el número de la cuenta o el talonario de cheques?
4. ¿Alicia pide información sobre un préstamo o sobre una cuenta corriente?
5. ¿Alicia compra estampillas en la oficina de correos o en el banco?
6. ¿Alicia desea mandar las cartas por taxi o por vía aérea?
7. ¿Alicia manda una tarjeta postal o tres?
8. ¿Alicia quiere mandar un giro postal a México o a Guatemala?
9. ¿Alicia vuelve a su casa o va a la biblioteca?
10. ¿Alicia está cansada o tiene hambre?

IV. Puntos para recordar

A. The speaker will ask several questions. Answer each one, using the cue provided. The speaker will verify your response. Repeat the correct answer. Follow the model.

   MODELO: —¿Qué sirven Uds. por la mañana?   (café)
            —*Servimos café.*

B. Modify each statement you hear so that it describes what the people mentioned are doing *now*. The speaker will verify your response. Repeat the correct answer. Follow the model.

   MODELO: Hablan inglés.
            Están hablando inglés.

C. Combine the phrases you hear, using the appropriate forms of **ser** or **estar** to form sentences. The speaker will verify your response. Repeat the correct answer. Follow the model.

   MODELO: esta ciudad / hermosa
            Esta ciudad es hermosa.

D. Answer each question you hear, using the cue provided. The speaker will verify your response. Repeat the correct answer. Follow the model.

   MODELO: —¿Cuánto tiempo hace que Ud. vive aquí?   (diez años)
            —*Hace diez años que vivo aquí.*

V. Ejercicio de comprensión

You will hear three statements about each picture. Circle the letter of the statement that best corresponds to the picture. The speaker will verify your response.

VI. Para escuchar y escribir

The speaker will read five sentences. Each sentence will be read twice. After the first reading, write what you have heard. After the second reading, check your work and fill in what you have missed.

1. _____

2. _____

3. _____

4. _____

5. _____

6 Workbook Activities

A. Complete the following sentences with appropriate verbs in the preterit.

Ayer Ana y yo _____ a la peluquería. El peluquero nos

_____ unas revistas para leer y después de un rato nos

_____ . Ana _____ un champú muy bueno y yo

_____ unos rizadores. Yo _____ treinta dólares por

el corte de pelo y los rizadores. No sé cuánto _____ Ana.

Mi esposo _____ a la barbería y no _____ a casa

hasta las cinco.

B. Complete the following sentences with the correct pronouns.

1. El secador es para _____ .   (yo)

_____ .   (tú)

_____ .   (Ud.)

_____ .   (nosotros)

_____ .   (ellos)

2. El peluquero habla de _____ .   (yo)

_____ .   (nosotros)

_____ .   (Uds.)

_____ .   (tú)

_____ .   (él)

3. Elena va con _____ . (yo)

_____ . (ellas)

_____ . (tú)

_____ . (nosotras)

_____ . (ella)

C. Answer each of the following questions by filling in the corresponding direct object pronoun and the verb.

MODELO: —¿Necesitas los rizadores?
—*Sí, los necesito.*

1. —¿Me llamas mañana?

—Sí, _____ _____ mañana.

2. —¿Compras el champú aquí?

—Sí, _____ _____ aquí.

3. —¿Llevan Uds. a su hija a la peluquería hoy?

—Sí, _____ _____ a la peluquería hoy.

4. —¿Nos necesitan Uds. ahora?

—Sí, _____ _____ ahora.

5. —¿Te atiende el peluquero en seguida?

—Sí, _____ _____ en seguida.

6. —¿Lees las revistas en la barbería?

—Sí, _____ _____ en la barbería.

7. —¿Los esperan a Uds. a las tres?

—Sí, _____ _____ a las tres.

8. —¿Van a ponerte debajo del secador? (*two forms*)

—Sí, _____ a poner_____ debajo del secador.

—Sí, _____ _____ a poner debajo del secador.

D. Be an interpreter. What are these people saying?

1. "Do you need the magazines, sir?"
   "No, I don't need them."

   _____

   _____

2. "Do you know Paco, her hairdresser?"
   "Yes, I know him. I'm going to call him tomorrow."

   _____

   _____

3. "Who is going to shave you, Tito?"
   "The barber always shaves me."

   _____

   _____

4. "Does she take you to the barber shop?"
   "Yes, she takes us."

   _____

   _____

E. Rewrite the following sentences in the affirmative.

   MODELO: No necesito nada.
             Necesito algo.

1. No van nunca.

   _____

2. Yo no lo quiero tampoco.

   _____

3. No quiero té ni café.

   _____

4. No hay nadie aquí.

_____

5. No tenemos ningún amigo venezolano.

_____

F. Unscramble the following groups of words to form logical sentences.

1. a / peluquería / la / y / va / él / a / ella / barbería / va / la

_____

2. espero / esta / mientras / revista / leer / a / voy

_____

3. los / y / puede / arriba / solamente / acá / costados / a / cortarlo

_____

G. Crucigrama

HORIZONTAL

4. *dryer,* en español

5. _____ en esta silla, por favor.

7. ¿Lees una revista mientras _____ al peluquero?

9. opuesto de caro

11. Corte, lavado y _____ , por favor.

15. Pagó y _____ de la barbería.

17. salón de belleza

19. Tengo _____ en la peluquería para las tres.

20. opuesto de comprar

21. lado

23. Hoy es sábado; _____ fue viernes.

VERTICAL

1. opuesto de corto

2. *Life* es una _____

3. Juan trabaja en una barbería; es _____ .

6. Juana trabaja en una peluquería; es _____ .

8. sólo

10. ¿Puede cortarlo sólo acá _____ ?

12. No es a la derecha; es a la _____ .

13. *curling iron,* en español

14. inmediatamente; en _____

16. el mes próximo; el mes que _____

17. Tiene el pelo muy lacio; necesita una _____ .

18. atender: ellos _____

22. Voy a ponerla _____ del secador.

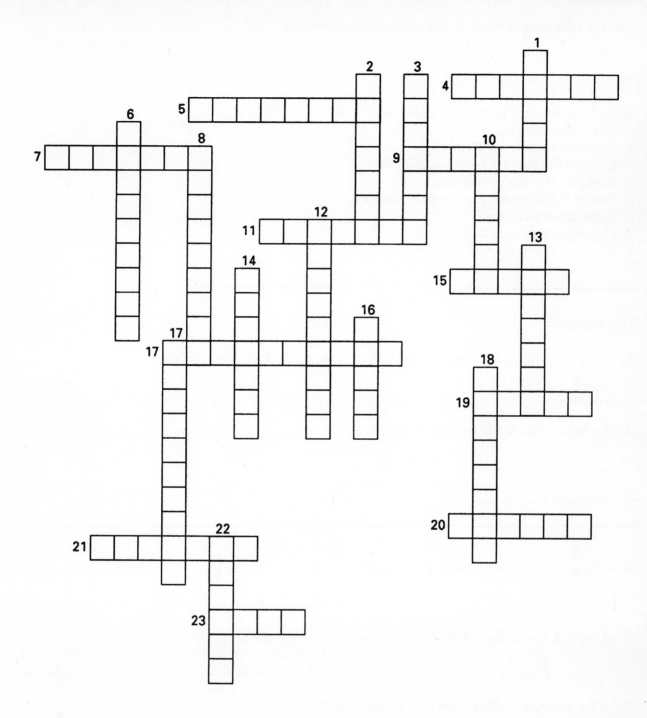

Para leer

Read the following sentences, then answer the questions.

Todos los días,° la señora Carreras escribe una lista de lo que tiene que hacer. Ésta es la lista para hoy.
Every day

1. Pedir turno en la peluquería para mañana: lavado y peinado. (¿Permanente... ?)
2. Comprar rizadores y champú.
3. Llevar a Carlitos a la barbería. (¡Corte!)
4. Comprar revistas para mamá.
5. Enviar el giro postal y las tarjetas postales.
6. Comprar estampillas.
7. Depositar el cheque de Roberto.
8. Comprar una torta para la fiesta de mañana.

¡Conteste!

1. ¿La señora Carreras es una persona muy organizada? ¿Cómo lo sabe Ud.?

   _____

2. ¿La señora va a ir a la peluquería hoy?

   _____

3. ¿Para qué pide turno?

   _____

4. ¿Qué necesita comprar en la peluquería?

   _____

5. ¿Cree Ud. que la Sra. Carreras tiene el pelo lacio? ¿Por qué?

   _____

6. ¿Cree Ud. que Carlitos tiene el pelo largo? ¿Por qué?

   _____

7. ¿Para quién son las revistas?

_____

8. ¿Tiene que ir al correo la señora? ¿Por qué?

_____

9. ¿A dónde tiene que ir para depositar el cheque de Roberto?

_____

10. ¿Para qué va a comprar la torta?

_____

6 Laboratory Activities

I. Vocabulario

The vocabulary will be read with pauses for you to repeat what you hear. Pay close attention to the speaker's pronunciation.

COGNADOS

el (la) barbero(a) barber
el champú shampoo
la permanente permanent (wave)

NOMBRES

la barba beard
la barbería barber shop
el corte haircut
el costado, el lado side
la hija daughter
el hijo son
el lavado shampooing
el mes month
el peinado set, hairdo
la peluquería, el salón de belleza beauty salon
el (la) peluquero(a) hairdresser, beautician
la raya part (*in hair*)
la revista magazine
el rizador curling iron
el secador (hair) dryer
el turno appointment

VERBOS

afeitar to shave
atender (e>ie) to wait on
cortar to cut
esperar to wait (for)
poner (yo pongo) to put
rizar to curl

salir (yo salgo) to leave, to go out (of)
usar to use
vender to sell

ADJETIVOS

barato(a) inexpensive, cheap
caro(a) expensive
corto(a) short
lacio(a) straight (*hair*)
largo(a) long
seco(a) dry

OTRAS PALABRAS Y EXPRESIONES

a la derecha on the right
a la izquierda on the left
acá arriba here on top
¿Algo más? Anything else?
ayer yesterday
cortarse el pelo to get a haircut
debajo (de) under
el mes que viene next month
en seguida right away
más tarde later
nada más nothing else
pedir turno to make an appointment
que viene next, coming
siempre always
Siéntese. Sit down.
sólo, solamente only
ya already

II. Diálogos: En la peluquería y en la barbería

The dialogues will be read first without pauses. Pay close attention to the speakers' intonation and pronunciation patterns.

Nora y su esposo Gerardo viven en Caracas, Venezuela. Hoy los dos piden turno para cortarse el pelo. Nora está ahora en la peluquería.

Nora:	—Tengo turno para las dos: corte, lavado y peinado.
Peluquera:	—En seguida la atiendo. Aquí tiene una revista. Puede leerla mientras espera.
Nora:	—Ya la leí. ¿Tiene otras?
Peluquera:	—Sí, ayer compré estas tres.

Más tarde.

Peluquera:	—¿Quiere el pelo corto?
Nora:	—No, ¿puede cortarlo sólo acá arriba y a los costados?
Peluquera:	—Sí. ¿No quiere una permanente? Tiene el pelo muy lacio.
Nora:	—No, yo siempre lo rizo con un rizador.
Peluquera:	—¿Dónde quiere la raya, a la derecha o a la izquierda?
Nora:	—A la izquierda.
Peluquera:	—Muy bien. (*Más tarde.*) Ahora voy a ponerla debajo del secador.

Cuando terminó, Nora pagó, salió de la peluquería, tomó un taxi y fue al banco. No volvió a casa hasta las seis.

Gerardo está ahora en la barbería.

Barbero:	—¿Señor Vargas? Siéntese aquí, por favor.
Gerardo:	—Tengo el pelo muy largo.
Barbero:	—Es verdad, y también muy seco.
Gerardo:	—El champú que Ud. usa es muy bueno. ¿Dónde puedo conseguirlo?
Barbero:	—Lo vendemos aquí, y no es caro; es muy barato. ¿Lo afeito?
Gerardo:	—Sí, por favor. Tengo la barba muy larga.

Gerardo compró el champú.

Barbero:	—¿Algo más?
Gerardo:	—No, nada más, pero quiero turno para mí y para mi hijo para el mes que viene.

Now the dialogues will be read with pauses for you to repeat what you hear. Imitate the speakers' intonation patterns.

94

III. Preguntas y respuestas

The speaker will ask several questions based on the dialogues. Answer each question, always omitting the subject. The speaker will verify your response. Repeat the correct answer.

1. ¿Nora y su esposo viven en Chile o en Venezuela?
2. ¿Nora tiene turno para las dos o para las cuatro?
3. ¿La peluquera compró revistas o libros?
4. ¿Nora tiene permanente o usa un rizador?
5. ¿Nora quiere la raya a la derecha o a la izquierda?
6. ¿Nora fue al correo o al banco?
7. ¿Gerardo va a la peluquería o a la barbería?
8. ¿Gerardo tiene el pelo muy corto o muy largo?
9. ¿Gerardo quiere comprar champú o rizadores?
10. ¿El champú es caro o barato?
11. ¿Gerardo quiere turno para mañana o para el mes que viene?
12. El mes que viene, ¿va a venir con su hijo o con su esposa?

IV. Puntos para recordar

A. You will hear several statements and questions in the present tense. Change each one from the present to the preterit. The speaker will verify your response. Repeat the correct answer. Follow the model.

> MODELO: Vuelvo a las seis.
> *Volví a las seis.*

B. The speaker will ask several questions. Answer each one, using the cue provided. The speaker will verify your response. Repeat the correct answer. Follow the model.

> MODELO: —¿A dónde fuiste ayer?   (a la peluquería)
> —*Fui a la peluquería.*

C. Answer each of the following questions in the negative, using the appropriate direct object pronoun. The speaker will verify your response. Repeat the correct answer. Follow the model.

> MODELO: —¿Compraste **el champú?**
> —*No, no **lo** compré.*

D. Change each of the following sentences to the negative. The speaker will verify your response. Repeat the correct answer. Follow the model.

> MODELO: Necesito algo.
> *No necesito **nada.***

V. Ejercicio de comprensión

You will hear three statements about each picture. Circle the letter of the statement that best corresponds to the picture. The speaker will verify your response.

VI. Para escuchar y escribir

The speaker will read five sentences. Each sentence will be read twice. After the first reading, write what you have heard. After the second reading, check your work and fill in what you have missed.

1. _____

2. _____

3. _____

4. _____

5. _____

Workbook Activities

A. Complete the chart below with the missing forms of the infinitive and preterit.

Infinitive	*yo*	*tú*	*Ud., él, ella*	*nosotros(as)*	*Uds., ellos, ellas*
1. traducir			tradujo		
2. traer		trajiste			
3.	tuve				tuvieron
4.			puso		pusieron
5. saber		supiste			
6.	hice			hicimos	
7.			quiso		quisieron
8.		condujiste		condujimos	
9. estar			estuvo		
10.	dije			dijimos	
11.	pude	pudiste			
12.			vino		vinieron

B. Complete the following sentences with preterit forms of the verbs listed.

estar   decir   poder   traer   venir   hacer   querer   poner   tener

1. Ayer yo no _____ ir a la tienda porque _____ que trabajar.

2. Ellos _____ los libros aquí y los _____ en la mesa.

3. Tú no _____ a la clase ayer y no me _____ nada.

4. ¿Qué _____ Ud. el sábado? ¿Fue de compras?

5. ¿Dónde _____ ella anoche? ¿Por qué no _____ salir con nosotros?

C. Complete the following sentences with the Spanish equivalent of the words in parentheses.

1. Ella siempre _____ la verdad. ¿Tú vas a _____ la verdad?   (*tells me / tell me*)

2. Yo _____ los pantalones.   (*bought him*)

3. Nosotros _____ todos los días.   (*write to him*)

4. Mis padres _____ en inglés.   (*speak to us*)

5. Yo no puedo _____ el descuento, señor Torres.   (*give you*)

6. Yo nunca _____ nada, Paquito.   (*tell you*)

7. ¿Por qué estás _____ en inglés?   (*speaking to them*)

8. Uds. _____ nada.   (*didn't give her*)

9. Nosotros no podemos _____ hoy, señorita Vega.   (*pay you*)

10. Yo siempre _____ ropa de Colombia.   (*bring them*)

D. Complete the following chart, using the Spanish construction with **gustar.**

English	Indirect Object	Verb *gustar*	Person(s) or Thing(s) Liked
1. I like John.	Me	gusta	John.
2. I like these ties.	Me	gustan	estas corbatas.
3. You (*fam.*) like the blouse.	Te		
4. He likes the boots.	Le		las botas.
5. She likes the dress.			
6. We like the clerk.	Nos		
7. You (*pl.*) like the store.	Les	gusta	
8. They like to work and to study.			
9. I like this shirt.			
10. He likes to go shopping.			
11. We like those sandals.			

E. Complete the following sentences with the Spanish equivalent of the words in parentheses.

1. Yo quiero _____ ese vestido.   (*try on*)

2. Ella _____ por la mañana.   (*bathes*)

3. Mis hijos y yo _____ a las seis.   (*get up*)

4. ¿Tú puedes _____ en diez minutos?   (*get dressed*)

5. ¿Uds. _____ por la noche?   (*shave*)

6. Ellos siempre _____ aquí.   (*sit*)

7. ¿A qué hora _____ , señor Soto?   (*did you go to bed*)

8. Ana _____ el abrigo rojo ayer.   (*put on*)

F. Unscramble the following groups of words to form logical sentences.

1. poco / estos / me / un / zapatos / aprietan

   _____

2. en / departamento / mis / el / compro / de / camisas / caballeros

   _____

3. vestido / gustan / me / no / pero / el / gusta / sandalias / las / me

   _____

G. Crucigrama

HORIZONTAL

3. Los zapatos no me quedan bien; me _____ un poco.

6. ¿Desea zapatos? ¿Qué número _____ Ud.?

7. Me pruebo la falda en el _____ .

9. Compro las sandalias en la _____ .

11. Yo me _____ a las seis de la mañana.

14. Compramos el traje en el departamento de _____ .

15. talla

18. El vestido me _____ grande.

19. Me gusta la cartera, pero no me _____ los zapatos.

20. Necesito un _____ de calcetines.

VERTICAL

1. No usa vestido. Usa una falda y una _____ .

2. vestirse: yo me _____

4. bolso

5. Mañana nosotros _____ de compras.

6. No debes usar una _____ roja con una camisa verde.

8. venta

10. Tengo frío. ¿Dónde está mi _____ ?

12. No son anchos. Son _____ .

13. bañarse: tú _____ bañas

16. *same*, en español

17. Trabaja en la tienda. Es la _____ .

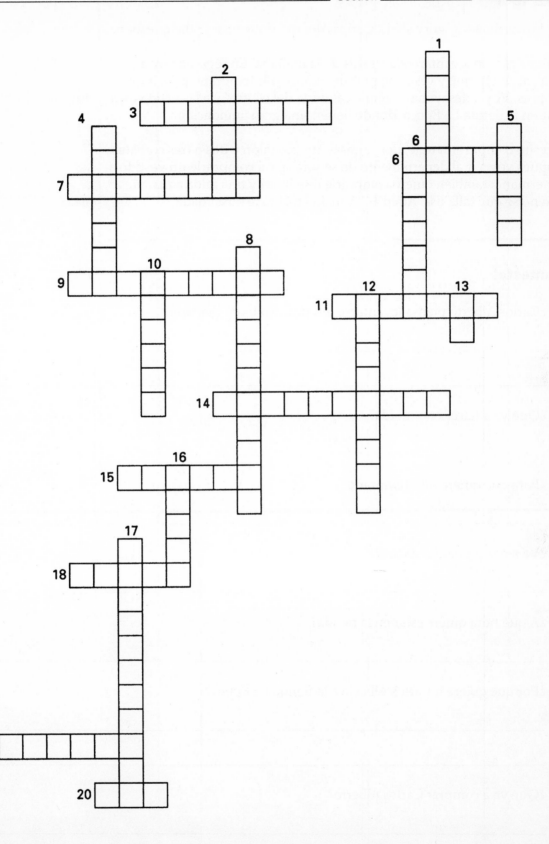

Para leer

Read the following story about Carlos Alberto, then answer the questions.

Mañana pienso levantarme a las seis de la mañana. En seguida voy a bañarme, afeitarme y vestirme porque quiero salir temprano para ir de compras. Voy a desayunar° en una cafetería del centro° y a las ocho voy a estar en la tienda La Época, donde tienen una gran liquidación.

have breakfast/downtown

Necesito comprar un traje, dos camisas, un pantalón y dos o tres corbatas. Después voy a ir al departamento de señoras para comprarle un vestido a mi hermana; también quiero comprarle una blusa y una falda a mamá, pero no sé qué talla usa. Además,° a mamá nunca le gusta nada.

Besides

¡Conteste!

1. ¿Carlos Alberto piensa levantarse temprano o tarde mañana?

_____

_____

2. ¿Qué va a hacer en seguida?

_____

3. ¿Para qué quiere salir temprano?

_____

4. ¿Va a desayunar en su casa?

_____

5. ¿A qué hora quiere estar en la tienda?

_____

6. ¿Por qué quiere ir Carlos Alberto a la tienda La Época?

_____

_____

7. ¿Qué va a comprar Carlos Alberto?

_____

_____

8. ¿A qué departamento tiene que ir para comprar el vestido?

_____

9. ¿Qué quiere comprarle Carlos a su mamá?

_____

_____

10. ¿Qué le gusta a la mamá de Carlos Alberto?

_____

7 Laboratory Activities

I. Vocabulario

The vocabulary will be read with pauses for you to repeat what you hear. Pay close attention to the speaker's pronunciation.

COGNADOS

elegante elegant
la sandalia sandal

NOMBRES

el abrigo coat
el año year
la blusa blouse
la bota boot
el calcetín sock
la calidad quality
la camisa shirt
la cartera, el bolso, la bolsa purse, handbag
la corbata tie
el departamento de caballeros men's department
el (la) dependiente(a) clerk
el descuento discount
la falda skirt
la ingeniería engineering
la liquidación, la venta sale
el pantalón, los pantalones pants, trousers
las pantimedias pantyhose
el par pair
el probador fitting room
la ropa clothes
la ropa interior underwear
la talla, el tamaño size
la tienda store
el traje suit
el vestido dress
la zapatería shoe store
el zapato shoe

VERBOS

apretar (e > ie) to be tight
bañar(se) to bathe
calzar to take a certain size in shoes
gustar to like, to be pleasing to
levantarse to get up
mudarse to move (*one's residence*)
ponerse (yo me pongo) to put on
probarse (o > ue) to try on
quedar to fit; to suit
traer (yo traigo) to bring
usar, llevar to wear
vestirse (e > i) to dress oneself, to get dressed

ADJETIVOS

ancho(a); más ancho(a) wide; wider
estrecho(a) narrow
grande, gran big
mismo(a) same
nuevo(a) new
pasado(a) last
varios(as) several

OTRAS PALABRAS Y EXPRESIONES

a lo mejor maybe, perhaps
ir de compras to go shopping
quedarle grande a uno(a) to be too big (*on someone*)
temprano early

II. Diálogos: De compras

The dialogues will be read first without pauses. Pay close attention to the speakers' intonation and pronunciation patterns.

Aurora Ibarra es estudiante de ingeniería. Es de Barranquilla, pero el año pasado se mudó a Bogotá.

Hoy se levantó muy temprano, se bañó y se vistió para ir de compras. En la tienda París, que hoy tiene una gran liquidación, Aurora habla con la dependienta en el departamento de señoras.

Aurora:	—Me gusta esa blusa rosada. ¿Cuánto cuesta?
Dependienta:	—Cincuenta mil pesos. ¿Qué talla usa usted?
Aurora:	—Talla treinta. ¿Dónde puedo probarme la blusa?
Dependienta:	—El probador está a la derecha.
Aurora:	—También voy a probarme este vestido y esa falda.
Dependienta:	—¿Necesita un abrigo? Hoy tenemos una gran liquidación.
Aurora:	—A lo mejor compro uno... ¿La ropa interior y las pantimedias también están en liquidación?
Dependienta:	—Sí, le damos un veinte por ciento de descuento.

Aurora compró la blusa y la falda, pero decidió no comprar el vestido. Después tuvo que ir a la zapatería para comprar un par de sandalias y una cartera. Cuando salió de la zapatería, hizo varias diligencias y no volvió a casa hasta muy tarde.

Enrique está en una zapatería porque necesita un par de zapatos y unas botas.

Empleado:	—¿Qué número calza usted?
Enrique:	—Calzo el cuarenta.
Empleado:	—(*Le prueba unos zapatos.*) ¿Le gustan?
Enrique:	—Sí, pero me aprietan un poco; son muy estrechos.
Empleado:	—¿Quiere unos más anchos?
Enrique:	—Sí, y unas botas del mismo tamaño, por favor.
Empleado:	—(*Le trae las botas y los zapatos.*) Estás botas son de muy buena calidad.
Enrique:	—(*Se prueba las botas y los zapatos.*) Los zapatos me quedan bien, pero las botas no.

Después de pagar los zapatos, Enrique fue al departamento de caballeros de una tienda muy elegante. Allí compró un traje, un pantalón, una camisa, dos corbatas y un par de calcetines. Después volvió a su casa, se puso el traje nuevo y fue a una fiesta.

Now the dialogues will be read with pauses for you to repeat what you hear. Imitate the speakers' intonation patterns.

III. Preguntas y respuestas

The speaker will ask several questions based on the dialogues. Answer each question, always omitting the subject. The speaker will verify your response. Repeat the correct answer.

1. ¿Aurora es de Barranquilla o de Bogotá?
2. ¿Aurora se bañó por la mañana o por la tarde?
3. ¿Aurora usa talla treinta o talla cuarenta?
4. ¿El probador está a la izquierda o a la derecha?
5. En la tienda París, ¿dan un treinta o un veinte por ciento de descuento?
6. ¿Aurora compró la falda o el vestido?
7. ¿Aurora tuvo que ir a la zapatería o a la peluquería?
8. ¿Aurora volvió a su casa muy tarde o muy temprano?
9. ¿Enrique calza el treinta y nueve o el cuarenta?
10. ¿Los zapatos son anchos o son estrechos?
11. ¿Enrique compró los zapatos o las botas?
12. ¿Enrique compró dos trajes o dos corbatas?

IV. Puntos para recordar

A. You will hear several statements in the present tense. Change the verbs in each sentence from the present to the preterit. The speaker will verify your response. Repeat the correct answer. Follow the model.

> MODELO: Están allí.
> *Estuvieron allí.*

B. The speaker will ask several questions. Answer each one, using the cue provided. Pay special attention to the use of indirect object pronouns. The speaker will verify your response. Repeat the correct answer. Follow the model.

> MODELO: —¿Tú le escribiste a tu papá?   (sí)
> —*Sí, le escribí.*

C. Answer each question you hear, always choosing the first possibility. The speaker will verify your response. Repeat the correct answer. Follow the model.

> MODELO: —¿Te gusta más la corbata roja o la corbata negra?
> —*Me gusta más la corbata roja.*

D. Answer each question you hear, using the cue provided. The speaker will verify your response. Repeat the correct answer. Follow the model.

> MODELO: —¿A qué hora te levantas tú?   (a las siete)
> —*Me levanto a las siete.*

V. Ejercicio de comprensión

You will hear three statements about each picture. Circle the letter of the statement that best corresponds to the picture. The speaker will verify your response.

V. Para escuchar y escribir

The speaker will read five sentences. Each sentence will be read twice. After the first reading, write what you have heard. After the second reading, check your work and fill in what you have missed.

1. _____

2. _____

3. _____

4. _____

5. _____

8 Workbook Activities

A. Complete the chart below with the Spanish equivalent of the English sentences.

English	Subject	Indirect Object Pronoun	Direct Object Pronoun	Verb
1. I give it (*m.*) to you.	Yo	te	lo	doy.
2. You give it to me.	Tú			
3. I give it to him.		se		
4. We give it to her.				damos.
5. They give it to us.				
6. I give it to you (*Ud.*).				
7. You give it to them.	Tú			

B. Tell for whom your Mom buys things, replacing the direct objects with direct object pronouns.

MODELO: Yo quiero peras.
Mamá me las compra.

1. Nosotros queremos manzanas.

_____

2. Tú quieres pescado.

_____

3. Los chicos quieren mantequilla.

_____

113

4. Yo quiero melocotones.

_____

5. Graciela quiere pan.

_____

6. Ud. quiere zanahorias.

_____

C. Answer the following questions in the affirmative, replacing the direct objects with direct object pronouns.

1. ¿Me trajiste el pastel?

_____

2. ¿Les sirvieron los vegetales a Uds.?

_____

3. ¿Le diste el cereal al niño?

_____

4. ¿Te compraron la carne?

_____

5. ¿Le pidieron la lejía a Ud.?

_____

6. ¿Les vendieron peras a ellas?

_____

7. ¿Me limpiaste la casa?

_____

8. ¿Les trajeron la comida a Uds.?

_____

D. Rewrite the following sentences, using the verbs in parentheses.

1. Él comió pescado.   (servir)

   _____

2. Tomaron café.   (pedir)

   _____

3. ¿Trajo Ud. el pescado?   (conseguir)

   _____

4. Vino después de comer.   (dormirse)

   _____

5. Llegó ayer.   (morir)

   _____

6. Tuvo frío.   (sentir)

   _____

7. Estuvieron hablando.   (seguir)

   _____

8. Rafael comió mucho.   (divertirse)

   _____

E. Complete the following sentences with the imperfect forms of the verbs listed.

   querer   saber   ser   hablar   jugar   ver   ir   vivir

1. Cuando yo _____ niña, _____ en Cuba y siempre

   _____ a la casa de mis abuelos los domingos.

2. Mis padres me _____ en inglés porque no _____ hablar español.

3. _____ las ocho y media cuando Jorge llegó a casa.

4. Mi padre me dijo que _____ comprar comestibles en el mercado.

5. Nosotros _____ a nuestros amigos los sábados y _____ con

   ellos todo el día.

F. Give the Spanish equivalent of the following sentences.

1. We went to the bakery frequently.

_____

2. We rarely eat fish.

_____

3. He generally uses detergent to clean the floor.

_____

4. I saw him recently.

_____

5. He spoke slowly and clearly.

_____

G. Unscramble the following groups of words to form logical sentences.

1. al / libre / ayer / un / aire / mercado / fueron / a / ellos

_____

2. pan / comprar / a / panadería / que / tenemos / la / ir / para

_____

3. ¿ / por / semana / dijiste / qué / lo / me / no / la / pasada / ?

_____

H. Crucigrama

HORIZONTAL

2. Ella come _____ por la mañana.

6. Compró carne en la _____ .

7. patata

9. Se come con pan.

11. Cuando estaba en la universidad, yo siempre _____ mucho dinero en comestibles.

12. Compro medicinas en la _____ .

14. En México los llaman "blanquillos".

18. Fab o Tide, por ejemplo.

19. Yo no le pongo _____ al café.

21. 12 de algo.

22. Ayer no tuve _____ de hacerlo.

VERTICAL

1. Voy a bañarme. Necesito el _____ .

2. *onion,* en español

3. pan, vegetales, frutas, carne, etc.

4. Compré el pan en la _____ .

5. Necesito _____ y tomates para la ensalada.

8. vegetal favorito de Bugs Bunny

10. Es un mercado al aire _____ .

13. *last night,* en español

15. lechuga, tomates, papas, etc.

16. tiene siete días

17. melocotón

20. *pie,* en español

Para leer

Read the following story, then answer the questions.

Ayer Antonio invitó° a unos amigos a comer y por la mañana fue de   invited
compras al mercado. Gastó mucho dinero, pero preparó una cena
magnífica.

Hizo un pastel de chocolate y para eso tuvo que comprar harina,°   flour
leche, huevos, chocolate, mantequilla y azúcar.

Preparó también una ensalada de frutas muy buena. Le puso naranjas,
uvas, peras, bananas y otras frutas.

Fue a la carnicería y a la pescadería para comprar carne y pescado para
hacer una paella,[1] que les gustó mucho a sus invitados.° No tuvo que   guests
comprar vino porque lo trajeron sus amigos. Después de la cena, todos
fueron a ver un partido de básquetbol.

[1]A typical Spanish dish.

¡Conteste!

1. ¿A quiénes invitó Antonio a comer?

   _____

2. ¿A dónde fue por la mañana?

   _____

3. ¿Cómo estuvo la cena?

   _____

4. ¿Costó mucho dinero preparar la cena?

   _____

5. ¿Qué ingredientes usó para hacer la torta?

   _____

   _____

6. ¿Qué tipo de ensalada preparó?

   _____

7. ¿Qué le puso a la ensalada?

_____

_____

8. ¿Puede decirnos dos ingredientes de la paella?

_____

9. Sabemos que la paella estuvo buena. ¿Por qué?

_____

10. ¿Quién trajo el vino?

_____

11. ¿Qué hicieron después de la cena?

_____

8 Laboratory Activities

I. Vocabulario

The vocabulary will be read with pauses for you to repeat what you hear. Pay close attention to the speaker's pronunciation.

COGNADOS

el cereal cereal
el detergente detergent
la docena dozen
la farmacia pharmacy, drugstore
el parque park
la pera pear
el vegetal vegetable

NOMBRES

el azúcar sugar
la carne meat
la carnicería meat market
la cebolla onion
los comestibles groceries
la comida food, meal
la cosa thing
el durazno, el melocotón peach
el huevo, el blanquillo (*Mex.*) egg
el jabón soap
la lechuga lettuce
la lejía bleach
la mantequilla butter
el mercado market
　——**al aire libre** open-air market

el (la) niño(a) child
el pan bread
la panadería bakery
la papa, la patata (*Spain*) potato
el papel higiénico toilet paper
el pastel pie, pastry, cake
la pescadería fish market
el pescado fish
el piso floor
la semana week
el supermercado supermarket
el tiempo time
la uva grape
la zanahoria carrot

VERBOS

apurarse to hurry
gastar to spend (*money*)
jugar to play
limpiar to clean
quedarse to stay, to remain

OTRAS PALABRAS Y EXPRESIONES

anoche last night
desgraciadamente unfortunately

II. Diálogos: Comprando comestibles

The dialogues will be read first without pauses. Pay close attention to the speakers' intonation and pronunciation patterns.

Beto y Sara están comprando comestibles en un supermercado en Quito.

Beto: —No necesitamos lechuga ni tomates porque ayer Rosa compró muchos vegetales.
Sara: —¿Ella vino al mercado ayer?
Beto: —Sí, ayer hizo muchas cosas: limpió el piso, fue a la farmacia...
Sara: —Hizo un pastel... Oye, necesitamos mantequilla, azúcar y cereal.
Beto: —También dijiste que necesitábamos dos docenas de huevos.
Sara: —Sí. ¡Ah! ¿Mamá vino ayer?
Beto: —Sí, te lo dije anoche... Nos trajo unas revistas. Ah, ¿tenemos papel higiénico?
Sara: —No. También necesitamos lejía, detergente y jabón.
Beto: —Bueno, tenemos que apurarnos. Rosa me dijo que sólo podía quedarse con los niños hasta las cinco.

Cuando Beto y Sara iban para su casa, vieron a Rosa y a los niños, que estaban jugando en el parque.

Irene y Paco están en un mercado al aire libre.

Irene: —Tú estuviste aquí ayer. ¿No compraste manzanas?
Paco: —Sí, pero se las di a Marta. Ella las quería para hacer un pastel.
Irene: —Necesitamos manzanas, naranjas, peras, uvas y duraznos para la ensalada de frutas.
Paco: —También tenemos que comprar carne y pescado. Vamos ahora a la carnicería y a la pescadería.
Irene: —Y a la panadería para comprar pan. Yo no tuve tiempo de ir ayer.
Paco: —Oye, necesitamos zanahorias, papas, cebollas y...
Irene: —¡Y nada más! No tenemos mucho dinero...
Paco: —Es verdad... Desgraciadamente gastamos mucho la semana pasada.

Now the dialogues will be read with pauses for you to repeat what you hear. Imitate the speakers' intonation patterns.

III. Preguntas y respuestas

The speaker will ask several questions based on the dialogues. Answer each question, always omitting the subject. The speaker will verify your response. Repeat the correct answer.

1. ¿Beto y Sara están en un supermercado o en un mercado al aire libre?
2. ¿Ayer Rosa compró carne o vegetales?
3. ¿Ayer Rosa fue a la peluquería o a la farmacia?
4. ¿Sara dijo que necesitaba dos docenas de huevos o cuatro docenas?
5. ¿Rosa sólo podía quedarse con los niños hasta las tres o hasta las cinco?
6. ¿Paco comió las manzanas o se las dio a Marta?
7. ¿Irene va a hacer una ensalada de lechuga o de frutas?
8. ¿Paco quiere comprar pescado o papel higiénico?
9. ¿Irene fue a la panadería ayer o tiene que ir hoy?
10. ¿Irene y Paco gastaron mucho o poco la semana pasada?

IV. Puntos para recordar

A. The speaker will ask several questions. Answer each one, using the cue provided and replacing the direct object with the corresponding direct object pronoun. The speaker will verify your response. Repeat the correct answer. Follow the model.

> MODELO: —¿Quién **te** trajo **las peras?** (Teresa)
> —*Me las* trajo Teresa.

B. Change each sentence you hear, substituting the new subject given. The speaker will verify your response. Repeat the correct answer. Follow the model.

> MODELO: Yo serví la comida. (Jorge)
> *Jorge sirvió la comida.*

C. Change each of the sentences you hear to the imperfect tense. The speaker will verify your response. Repeat the correct answer. Follow the model.

> MODELO: Hablo español.
> *Hablaba español.*

D. Change each adjective you hear to an adverb. The speaker will verify your response. Repeat the correct answer. Follow the model.

> MODELO: fácil
> *fácilmente*

V. Ejercicio de comprensión

You will hear three statements about each picture. Circle the letter of the statement that best corresponds to the picture. The speaker will verify your response.

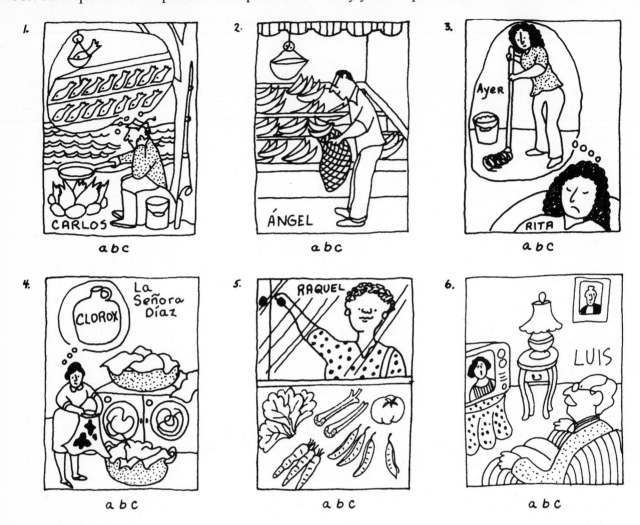

VI. Para escuchar y escribir

The speaker will read five sentences. Each sentence will be read twice. After the first reading, write what you have heard. After the second reading, check your work and fill in what you have missed.

1. _____

2. _____

3. _____

4. _____

5. _____

9 Workbook Activities

A. Complete the following sentences, using the preterit or the imperfect. Then indicate the reason for your choice by placing the corresponding letter or letters in the blank provided before each sentence.

Preterit	**Imperfect**
a. Reports past actions or events that the speaker views as finished and complete.	c. Describes past actions or events in the process of happening, with no reference to their beginning or end.
b. Sums up a condition or state viewed as a whole (and no longer in effect).	d. Indicates a repeated or habitual action: "used to . . . , would . . ."
	e. Describes a physical, mental, or emotional state or condition in the past.
	f. Expresses time or age in the past.
	g. Is used in indirect discourse.

____ 1. Ayer ellos _____ (celebrar) su aniversario de bodas.

____ 2. Cuando nosotros _____ (ser) niños, siempre _____ (ir) al campo.

____ 3. _____ (Ser) las cuatro de la tarde.

____ 4. Anoche yo _____ (ir) al restaurante y _____ (comer) langosta.

____ 5. Esta mañana Elsa _____ (tomar) dos vasos de agua porque

_____ (tener) mucha sed.

____ 6. Me dijo que tú _____ (querer) comer chuletas.

____ 7. Yo _____ (ir) al restaurante cuando _____ (ver) a Roberto.

____ 8. Ella me llamó mientras yo _____ (almorzar).

B. Be an interpreter. What are these people saying?

1. "When she was little, she lived in Lima."
   "Yes, and her parents used to speak to her in Spanish."

   _____

   _____

2. "What time was it when they got home last night?"
   "It was eleven thirty."

   _____

   _____

3. "You didn't eat much last night, Anita."
   "I wasn't very hungry."

   _____

   _____

4. "What did your friend tell you, Miss Vega?"
   "She told me that this restaurant wasn't very good."

   _____

   _____

C. Use the construction **hace... que** to tell how long ago each action took place.

> MODELO: Comí a las doce. Son las tres de la tarde.
> _Hace tres horas que comí._

1. Llegué a Lima el lunes. Hoy es viernes.

   _____

2. Compraron el restaurante en agosto. Estamos en diciembre.

   _____

3. Vendieron la casa en 1986. Estamos en 1993.

   _____

4. Me levanté a las cinco de la mañana. Son las cinco de la tarde.

   _____

128

5. Tomé el desayuno a las siete y media. Son las nueve.

_____

D. Be an interpreter. What are these people saying?

1. "Is this your brother's shirt, or is it yours, Pepe?"
   "It isn't mine; it's his."

_____

_____

2. "Her house is better than ours."
   "Yes, but hers is more expensive."

_____

_____

3. "My parents live in Lima."
   "Mine live in Buenos Aires."

_____

_____

4. "Is this coat yours, Mr. Torales?"
   "Yes, it's mine."

_____

_____

E. What are these people saying?

1. "How's the weather in Oregon?"
   "It's very cold and it's raining. But I like (the) rain."

_____

_____

2. "It's always sunny in Arizona."
   "Yes, but it's very hot in the summer."

_____

_____

3. "Is it windy today?"
   "Yes, you're going to need a coat, Miss Martínez."

   _____

   _____

F. Unscramble the following groups of words to form logical sentences.

1. mermelada / y / con / tostado / sólo / yo / pan / quiero / leche / café / con

   _____

2. Víctor / tarde / teléfono / por / por / hotel / el / desde / la / llamó

   _____

3. campo / yo / mía / no / mucho / a / veía / la / vivía / porque / el / en

   _____

G. Crucigrama

    HORIZONTAL

    2. mozo

    4. biftec

    6. pan tostado

    7. comer por la noche

    9. Yo les _____ la especialidad de la casa.

    13. comer por la mañana

    15. dinero que le dejamos al mozo

    16. más tarde

    19. No estoy trabajando; estoy de _____ .

    20. opuesto de **grande**

    21. *lobster*, en español

    22. La pagamos después de comer en un
        restaurante.

    VERTICAL

    1. Estamos celebrando nuestro _____ de
        bodas.

    3. comer al mediodía

    5. lo que anota el mozo

    8. De _____ queremos helado.

    10. Quiero puré de _____ .

    11. opuesto de **ciudad**

    12. Quiero una papa al _____ .

    14. muy rico

    17. *lamb*, en español

    18. Yo quiero pan tostado con _____ .

    20. *sausage*, en español

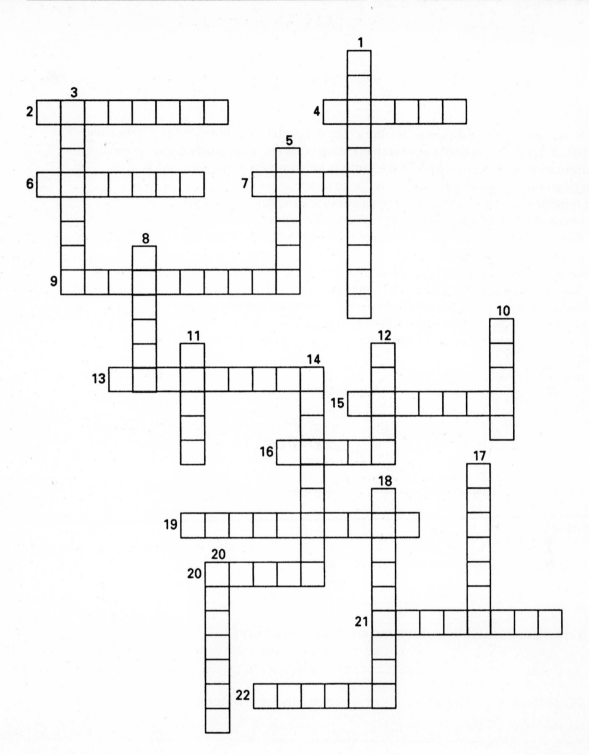

Para leer

Read the following letter, then answer the questions.

Lima, Perú
4 de enero

Querida Amanda:

    Te estoy escribiendo desde la hermosa° capital peruana. Lima es una ciudad de aspecto colonial, pero también tiene edificios° muy modernos. *beautiful / buildings*

    Ahora es verano aquí pero no hace tanto calor como en Asunción; generalmente hace buen tiempo y no llueve mucho.

    Si tenemos suficiente dinero, vamos a alquilar° una casa. Ana y yo queremos ir a Machu Picchu, pero no sé si vamos a poder hacerlo. Papá me dijo que iba a mandarme un cheque; si lo hace, vamos a estar en Cuzco por dos o tres días. *rent*

    Anoche fuimos a un restaurante muy elegante y confieso que comimos muchísmo. Yo pedí bistec (aquí lo preparan muy bien), arroz, sopa y ensalada. De postre, flan y helado de vainilla. Después fuimos todos a bailar y no volvimos al hotel hasta la madrugada.° *dawn*

    ¿Está nevando mucho en Denver? ¿Por qué no tomas el próximo avión a Lima?

    Bueno,° saludos° a tus padres. *well / greetings*

Un abrazo,°   *hug*

Silvia

¡Conteste!

1. ¿Cuál es la capital de Perú?

   _____

2. En los Estados Unidos es invierno en enero. ¿Y en Perú?

   _____

3. ¿Qué van a hacer Silvia y su amiga si tienen suficiente dinero?

   _____

4. ¿Qué dijo el papá de Silvia que iba a hacer?

   _____

5. ¿Qué van a poder hacer las chicas si el papá de Silvia le manda un cheque?

_____

6. ¿Está Silvia a dieta (*on a diet*)? ¿Cómo lo sabe?

_____

7. ¿Volvieron las chicas temprano al hotel anoche?

_____

8. ¿Nieva mucho en Denver?

_____

9. ¿Qué debe hacer Amanda?

_____

10. ¿A quiénes les manda saludos Silvia?

_____

9 Laboratory Activities

I. Vocabulario

The vocabulary will be read with pauses for you to repeat what you hear. Pay close attention to the speaker's pronunciation.

COGNADOS

el aniversario anniversary
el café cafe
la crema cream
la especialidad specialty
el hotel hotel
internacional international
el menú menu
el panqueque pancake
la reservación reservation
el restaurante restaurant
la sopa soup
las vacaciones vacation

NOMBRES

el aniversario de bodas wedding
  anniversary
el arroz rice
el biftec, el bistec steak
el campo country (*as opposed to the city*)
el cordero lamb
la cuenta bill, check (*at a restaurant*)
el chorizo sausage
la chuleta chop (*of meat*)
el flan caramel custard
el helado ice cream
la langosta lobster
la mermelada jam
el (la) mozo(a), el (la) camarero(a), el (la)
  mesero(a) (*Mex.*) waiter (waitress)
el pan tostado, la tostada toast
las papas fritas French fries
el pedazo piece
el pedido order

el pollo chicken
el postre dessert
la propina tip (*for service*)
el puré de papas mashed potatoes
el tocino bacon

VERBOS

almorzar (o > ue) to have lunch
anotar to write down
celebrar to celebrate
cenar to have dinner (supper)
cocinar to cook
dejar to leave (behind)
desayunar to have breakfast
preguntar to ask (*a question*)
recomendar (e > ie) to recommend

ADJETIVOS

asado(a) roast
chico(a), pequeño(a) little
frito(a) fried
listo(a) ready
riquísimo(a) very tasty

OTRAS PALABRAS Y EXPRESIONES

al horno baked
casi almost
de postre for dessert
desde from
después (de) after
estar (ir) de vacaciones to be (to go) on
  vacation
lo mismo the same thing
luego then, later

II. Diálogos: En un restaurante

The dialogues will be read first without pauses. Pay close attention to the speakers' intonation and pronunciation patterns.

Pilar y su esposo, Víctor, están de vacaciones en Perú, y hace dos días que llegaron a Lima. Anoche casi no durmieron porque fueron al teatro y luego a un club nocturno a celebrar su aniversario de bodas. Ahora están en el café de un hotel internacional, listos para desayunar. El mozo les trae el menú.

Víctor:	—(*Al mozo.*) Quiero dos huevos fritos, jugo de naranja, café y pan con mantequilla.
Mozo:	—Y Ud., señora, ¿quiere lo mismo?
Pilar:	—No, yo sólo quiero café con leche y pan tostado con mermelada.
Víctor:	—¿Por qué no comes huevos con tocino o chorizo y panqueques?
Pilar:	—No, porque a las doce vamos a almorzar en casa de los Acosta.
Víctor:	—Es verdad. Y esta noche vamos a ir a cenar a un restaurante.

Por la tarde Víctor llamó por teléfono desde el hotel al restaurante La Carreta y preguntó a qué hora se abría. Hizo reservaciones para las nueve.

En el restaurante.

Mozo:	—Quiero recomendarles la especialidad de la casa: biftec con langosta, arroz y ensalada. De postre, flan con crema.
Pilar:	—No, yo quiero pollo asado con puré de papas y sopa de pescado. De postre, helado.
Víctor:	—Yo quiero chuletas de cordero, papa al horno, no, perdón, papas fritas y ensalada. De postre, un pedazo de pastel.

El mozo anotó el pedido y se fue.

Pilar:	—Mi abuela hacía unos pasteles riquísimos. Cuando yo era chica, siempre iba a su casa para comer pasteles.
Víctor:	—Yo no veía mucho a la mía porque vivía en el campo, pero ella cocinaba muy bien también.

Después de cenar, siguieron hablando un rato. Luego Víctor pidió la cuenta, la pagó y le dejó una buena propina al mozo. Cuando salieron hacía frío y tuvieron que tomar un taxi.

Now the dialogues will be read with pauses for you to repeat what you hear. Imitate the speakers' intonation patterns.

III. Preguntas y respuestas

The speaker will ask several questions based on the dialogues. Answer each question, omitting the subject whenever possible. The speaker will verify your response. Repeat the correct answer.

1. ¿Hace dos días o dos semanas que Pilar y Víctor llegaron a Lima?
2. ¿Fueron al cine o al teatro para celebrar su aniversario?
3. ¿Víctor quiere huevos fritos o panqueques?
4. ¿Pilar va a comer pan con mermelada o huevos con tocino?
5. ¿Pilar y Víctor van a almorzar en el restaurante o en casa de los Acosta?
6. ¿La especialidad de la casa es biftec con langosta o pollo asado?
7. ¿Víctor pide la especialidad de la casa o chuletas de cordero?
8. ¿Víctor quiere papa al horno o papas fritas?
9. De postre, ¿Víctor quiere pastel o flan con crema?
10. Cuando Pilar era chica, ¿iba a casa de su abuela para cocinar o para comer pasteles?
11. ¿Los abuelos de Víctor vivían en el campo o vivían en la ciudad?
12. ¿Quién pagó la cuenta, Víctor o Pilar?

IV. Puntos para recordar

A. The speaker will ask several questions. Answer each one, using the cue provided. Pay special attention to the use of the preterit or the imperfect. The speaker will verify your response. Repeat the correct answer. Follow the model.

> MODELO: —¿En qué idioma te hablaban tus padres?   (en inglés)
> —*Me hablaban en inglés.*

B. Answer each question you hear, using the cue provided. The speaker will verify your response. Repeat the correct answer. Follow the model.

> MODELO: —¿Cuánto tiempo hace que tú llegaste?   (veinte minutos)
> —*Hace veinte minutos que llegué.*

C. Answer each question you hear, using the cue provided. The speaker will verify your response. Repeat the correct answer. Follow the model.

> MODELO: —Mis zapatos son negros. ¿Y los tuyos?   (blancos)
> —*Los míos son blancos.*

D. The speaker will ask several questions. Answer each one **sí** or **no.** The speaker will verify your response. Repeat the correct answer. Follow the model.

> MODELO: —¿En Chicago hace mucho viento?
> —*Sí, hace mucho viento.*

V. Ejercicio de comprensión

You will hear three statements about each picture. Circle the letter of the statement that best corresponds to the picture. The speaker will verify your response.

VI. Para escuchar y escribir

The speaker will read five sentences. Each sentence will be read twice. After the first reading, write what you have heard. After the second reading, check your work and fill in what you have missed.

1. _____

2. _____

3. _____

4. _____

5. _____

10 Workbook Activities

A. Fill in the blanks with the missing infinitive or past participle of each verb.

1. vendar: _____

2. _____ : hablado

3. hacer: _____

4. _____ : recibido

5. escribir: _____

6. _____ : comido

7. morir: _____

8. _____ : dicho

9. abrir: _____

10. _____ : roto

B. Complete the following sentences with the Spanish equivalent of the words in parentheses.

1. El seguro está _____ . (*paid*)

2. Tengo el brazo _____ . (*broken*)

3. Las cartas están _____ en inglés. (*written*)

4. La herida está _____ . (*bandaged*)

5. Las radiografías no están _____ . (*made*)

6. Tiene la pierna _____ . (*in a cast*)

C. Give the Spanish equivalent of the following sentences.

1. Have you seen the doctor, Mr. Soto?

_____

2. They have taken him in an ambulance.

_____

3. Has he given her a shot?

_____

4. I have told Dr. García that it's an emergency.

_____

5. What has happened?

_____

6. We have never been in an emergency room.

_____

7. You have broken your leg? How?

_____

8. My son has twisted his ankle.

_____

D. Complete the following sentences with the past perfect forms of the verbs listed.

   poner   torcer   dar   tener   volver   decir   usar   traer

1. Roberto _____ un accidente.

2. Ellos lo _____ al hospital en una ambulancia.

3. El doctor me _____ que tenía la pierna rota.

4. Nosotros les _____ la receta.

5. ¿La enfermera ya te _____ la inyección?

6. ¿Uds. _____ al hospital para verlo?

7. Yo me _____ el tobillo.

8. ¿Tú _____ muletas alguna vez?

E. Complete the chart below with formal command forms.

Infinitive	Command	
	Ud. form	Uds. form
1. comprar	compre	compren
2. dejar		
3. comer	coma	
4. beber		
5. escribir	escriba	escriban
6. abrir		
7. venir	venga	vengan
8. poner		
9. comenzar	comience	comiencen
10. atender		
11. recordar	recuerde	recuerden
12. volver		
13. pedir	pida	pidan
14. servir		
15. ir	vaya	
16. ser		sean
17. estar	esté	

F. Give the Spanish equivalent of the following sentences. Keep in mind the placement of object pronouns in affirmative and negative commands.

1. Call me tomorrow, ladies.

_____

2. The wound on my arm hurts a lot. Bandage it, please.

_____

3. Don't wait for us, Mr. Vega.

_____

4. I don't want to see the X-rays. Don't bring them now.

_____

5. We need the medicine. Put it here, please.

_____

G. Unscramble the following groups of words to form logical sentences.

1. un / chocó / parado / autobús / con / había / mi / y / coche / yo

_____

_____

2. tobillo / que / he / creo / torcido / me / el

_____

3. radiografía / a / lo / sala / X / de / llevaron / la / rayos / para / una / hacerle

_____

_____

H. Crucigrama

HORIZONTAL

3. parecer: yo _____ (*pres.*)

6. Si hay un accidente, llamamos una _____ .

8. Se rompió la pierna. Se la van a _____ .

9. ómnibus

10. Se rompió el brazo. Tiene el brazo _____ .

12. Se rompió una pierna. Tiene una _____ .

15. Tiene una herida en el _____ .

17. Le van a poner una _____ de penicilina.

21. Tuvo un accidente. Lo llevaron a la sala de _____ .

VERTICAL

1. No voy en coche. Prefiero _____ .

2. perder el conocimiento

4. El coche paró. Ahora está _____ .

5. Me rompí la pierna y ahora uso _____ .

7. Le voy a _____ la herida.

8. *stairs*, en español

11. Lo llevaron a la sala de _____ X.

13. *ankle*, en español

14. Necesitamos una _____ para ver si hay fractura.

16. coche

18. *back*, en español

19. Necesita usar muletas porque se rompió la _____ .

20. Voy a vendarle la _____ .

144

Para leer

Read the following letter, then answer the questions.

Querida Marta:

Lo siento mucho, pero no voy a poder ir con Uds. a la playa° este fin de   beach
semana porque ayer tuve un accidente; me caí en la escalera y me
fracturé una pierna.

Yo creía que sólo tenía torcido el tobillo, pero como me dolía mucho
decidí ir al hospital. Cuando llegué allí, me llevaron a la sala de rayos X
donde me hicieron varias radiografías. El médico me dijo que tenía la
pierna rota. Ahora voy a tener que usar muletas por tres semanas para
poder caminar.

¿Vas a venir a visitarme? Espero° verte pronto.°   I hope / soon

Cariños° para todos,   love

Isabel

¡Conteste!

1. ¿A quién le escribe Isabel?

   _____

2. ¿Por qué no va a poder ir a la playa Isabel?

   _____

   _____

3. ¿Dónde se cayó Isabel?

   _____

4. ¿Qué le pasó?

   _____

5. ¿Qué pensaba Isabel que tenía?

   _____

6. ¿A dónde llevaron a Isabel para hacerle las radiografías?

   _____

   _____

7. ¿Qué supo el médico al ver las radiografías?

   _____

8. ¿Qué va a tener que usar Isabel para caminar?

   _____

9. ¿Por cuánto tiempo va a tener que usarlas?

   _____

10. ¿A quién espera ver pronto Isabel?

   _____

10 Laboratory Activities

I. Vocabulario

The vocabulary will be read with pauses for you to repeat what you hear. Pay close attention to the speaker's pronunciation.

COGNADOS

el accidente   accident
la ambulancia   ambulance
la emergencia   emergency
la fractura   fracture
el hospital   hospital
la medicina   medicine

NOMBRES

el autobús, el ómnibus   bus
el brazo   arm
el coche, el automóvil, el carro   car
el dolor   pain
el (la) enfermero(a)   nurse
la escalera   stairs
la espalda   back
la esquina   corner
la herida   wound
la inyección   shot, injection
el (la) médico(a), el (la) doctor(a)   doctor
las muletas   crutches
la pastilla   pill
la pierna   leg
la radiografía   X-ray (picture)
la sala de emergencia   emergency room
la sala de rayos X (equis)   X-ray room
la salud   health

el segundo   second
el seguro médico   medical insurance
el tobillo   ankle

VERBOS

caerse (yo me caigo)   to fall down
caminar   to walk
chocar (con)   to run into, to collide (with)
doler (o > ue)   to hurt, to ache
enyesar   to put a cast on
fracturar(se), romper(se)   to fracture
parar   to stop
parecer (yo parezco)   to seem
pasar   to happen
recetar   to prescribe
torcer(se) (o > ue)   to twist
vendar   to bandage

ADJETIVO

roto(a)   broken

OTRAS PALABRAS Y EXPRESIONES

ahora mismo   right now
perder el conocimiento, desmayarse   to lose consciousness, to faint
poner una inyección   to give a shot

II. Diálogos: En un hospital

The dialogues will be read first without pauses. Pay close attention to the speakers' intonation and pronunciation patterns.

En Santiago de Chile.

Susana ha tenido un accidente. La han traído al hospital en una ambulancia. Ahora está en la sala de emergencia hablando con el médico.

Doctor: —Dígame qué le pasó, señorita.
Susana: —Yo había parado en una esquina y un autobús chocó con mi coche.
Doctor: —¿Perdió Ud. el conocimiento después del accidente?
Susana: —Sí, por unos segundos.
Doctor: —¿Tiene Ud. dolor en alguna parte?
Susana: —Sí, doctor, me duele mucho la herida del brazo.
Doctor: —Voy a vendársela ahora mismo. Y después la enfermera va a ponerle una inyección para el dolor. ¿Le duele algo más?
Susana: —Me duele mucho la espalda.
Doctor: —Bueno, vamos a hacerle unas radiografías para ver si se ha fracturado algo. (*A la enfermera.*) Lleve a la señorita a la sala de rayos X.

Una hora después, Susana salió del hospital. No tuvo que pagar nada porque tenía seguro médico. Fue a la farmacia y compró la medicina que le había recetado el médico para el dolor.

Pepito se cayó en la escalera de su casa y su mamá lo llevó al hospital. Hace una hora que esperan cuando por fin viene la doctora Alba.

Doctora: —¿Qué le pasó a su hijo, señora?
Señora: —Parece que se ha torcido el tobillo.
Doctora: —A ver... creo que es una fractura.

Han llevado a Pepito a la sala de rayos X y le han hecho varias radiografías.

Doctora: —Tiene la pierna rota. Vamos a tener que enyesársela.
Señora: —¿Va a tener que usar muletas para caminar?
Doctora: —Sí, por cuatro semanas. Déle estas pastillas para el dolor.

Now the dialogues will be read with pauses for you to repeat what you hear. Imitate the speakers' pronunciation patterns.

III. Preguntas y respuestas

The speaker will ask several questions based on the dialogues. Answer each question, omitting the subject whenever possible. The speaker will verify your response. Repeat the correct answer.

1. ¿Trajeron a Susana al hospital en una ambulancia o en un coche?
2. ¿Susana perdió el conocimiento por unos segundos o por unos minutos?
3. ¿Susana tiene una herida en la pierna o en el brazo?
4. ¿El doctor va a vendarle la herida a Susana o va a limpiársela?
5. ¿La enfermera va a ponerle una inyección a Susana o va a darle una receta?
6. ¿Van a hacerle una radiografía a Susana para ver si se ha fracturado algo o para ver si tiene una herida?
7. ¿El seguro pagó la cuenta del hospital o la pagó Susana?
8. ¿Llevaron a Pepito a la sala de emergencia o a la sala de rayos X?
9. Para caminar, ¿Pepito va a tener que tomar medicinas o va a tener que usar muletas?
10. ¿El doctor va a tener que vendarle la pierna a Pepito o va a tener que enyesársela?
11. ¿Pepito va a tener que usar las muletas por cuatro semanas o por cuatro meses?

IV. Puntos para recordar

A. The speaker will ask several questions. Answer each one, using the verb **estar** and the past participle of the verb used in the question. The speaker will verify your response. Repeat the correct answer. Follow the model.

> MODELO: —¿Vendieron la casa?
> —*Sí, está vendida.*

B. Answer each question you hear by saying that the action mentioned has already been done. If the sentence contains a direct object, substitute the appropriate direct object pronoun. The speaker will verify your response. Repeat the correct answer. Follow the model.

> MODELO: —¿No va a cerrar la puerta?
> —*Ya la he cerrado.*

C. Change the verb in each sentence you hear to the past perfect tense. The speaker will verify your response. Repeat the correct answer. Follow the model.

> MODELO: Él perdió el conocimiento.
> *Él había perdido el conocimiento.*

D. Change each statement you hear to a formal command. The speaker will verify your response. Repeat the correct answer. Follow the model.

> MODELO: Debe traerlo.
> *Tráigalo.*

V. Ejercicio de comprensión

You will hear three statements about each picture. Circle the letter of the statement that best corresponds to the picture. The speaker will verify your response.

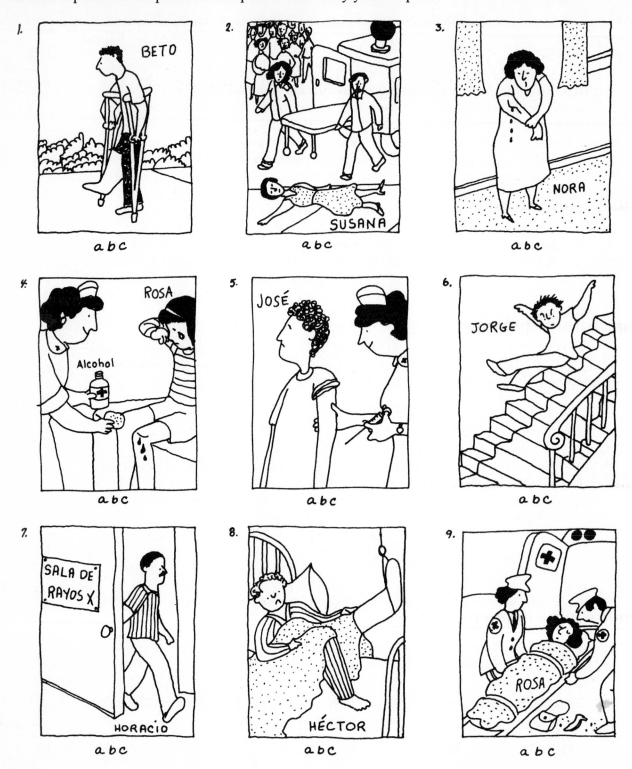

VI. Para escuchar y escribir

The speaker will read five sentences. Each sentence will be read twice. After the first reading, write what you have heard. After the second reading, check your work and fill in what you have missed.

1. _____

2. _____

3. _____

4. _____

5. _____

11 Workbook Activities

A. Complete the following chart as a review of the present subjunctive forms.

Infinitive	yo	tú	Ud., él, ella	nosotros(as)	Uds., ellos, ellas
1. bajar	baje	bajes	baje	bajemos	bajen
2. esperar					
3. deber	deba	debas	deba	debamos	deban
4. beber					
5. abrir	abra	abras	abra	abramos	abran
6. recibir					
7. hacer	haga				
8. decir		digas			
9. cerrar			cierre		
10. volver				volvamos	
11. sugerir					sugieran
12. dormir				durmamos	
13. sentir					sientan
14. comenzar	comience				
15. empezar					
16. dar		des			
17. estar			esté		
18. ir				vayamos	
19. ser					sean
20. saber	sepa				

B. Complete the chart with the Spanish equivalent of the English sentences.

English	Subject	Verb	*que*	Subject of Subordinate Clause	Verb in the Subjunctive
1. He wants me to speak.	Él	quiere	que	yo	hable.
2. I want you to learn.				tú	
3. You want him to go out.	Tú				
4. She wants us to drink.					bebamos.
5. We want her to come.				ella	
6. You want them to read.	Uds.				
7. They (*m.*) want you to get better.				Uds.	
8. You want us to study.	Uds.				
9. They (*m.*) want us to write.					escribamos.
10. He wants us to sleep.	Él				
11. I want you to wait.				tú	
12. They (*f.*) want you to begin.				Uds.	
13. She wants him to work.					
14. We want them (*f.*) to go.					

C. Rewrite each of the following sentences, beginning with the phrase provided.

MODELO: Ella llama la ambulancia.
Quiero que...
Quiero que ella llame la ambulancia.

1. Nosotros le ponemos gotas.

   No quieren que _____.

2. Ellos van a la sala de emergencia.

   Deseamos que _____.

3. Él pide la receta.

   Dígale a él que _____.

156

4. Tú traes el jarabe.

   Te sugiero que _____ .

5. Ella es su médico.

   Él quiere que _____ .

6. ¿Yo compro las pastillas?

   ¿Tú quieres que _____ ?

7. Ud. toma penicilina.

   Yo le aconsejo a Ud. que _____ .

8. Uds. están en el consultorio a las cinco.

   Papá sugiere que _____ .

D. Rewrite each sentence, beginning with the phrase provided.

   MODELO: Tienen fiebre
             Espero que no...
             Espero que no tengan fiebre.

1. Tiene pulmonía.

   Temo que _____ .

2. Ellos no son alérgicos a la penicilina.

   Me alegro de que no _____ .

3. Tú tienes una infección en el oído.

   Siento que _____ .

4. Tenemos que recetarles penicilina.

   Temo que _____ .

5. Elsa se siente bien.

   Espero que _____ .

6. María y yo podemos ir pronto.

   Esperan que _____ .

7. Ud. tiene gripe.

   Me alegro de que Ud. no _____ .

8. El doctor lo examina.

   Él espera que _____ .

9. Ellos no vuelven pronto.

   Temo que ellos _____ .

10. Yo les traigo las curitas.

    Esperan que _____ .

E. Unscramble the following groups of words to form logical sentences.

1. tres / fin / dormirme / eran / madrugada / cuando / las / por / la / pude / de

   _____

   _____

2. garganta / para / recetarle / infección / penicilina / la / voy / la / en / a

   _____

   _____

3. ¿ / tomar / pastillas / comidas / que / tengo / antes / las / después / o / de / las / ?

   _____

   _____

F. Crucigrama

HORIZONTAL

  2. *cotton,* en español

  7. El médico me _____ los oídos ayer.

  9. Ella es _____ a la aspirina.

10. Él necesita ir al médico porque está _____ .

11. dormirse: él se _____ (pret.)

13. oficina de un médico

16. catarro

18. El médico me dio una _____ para las pastillas.

19. Tomo _____ para la infección.

158

VERTICAL

1. *to suggest,* en español

3. Necesito unas gotas para la _____ .

4. ¿Tomo las pastillas antes o después de las _____ ?

5. Tiene _____ de cabeza.

6. Tengo una _____ de treinta y nueve grados.

8. El _____ trabaja en la farmacia.

12. Cuando tengo mucha _____ tomo aspirina.

14. Necesito un _____ para la tos.

15. Espero que se _____ con las medicinas.

17. Anoche ellos se _____ muy mal.

Para leer

Read the following diary excerpts, then answer the questions.

Del diario de Rosaura

24 de septiembre

Anoche me sentí muy mal toda la noche. Me dolían mucho los oídos y la cabeza y tenía mucha fiebre. Tomé dos aspirinas y me acosté.

Hoy me levanté muy temprano y, como todavía° tengo fiebre, voy a ir al médico.   still

25 de septiembre

Ayer fui al médico; me examinó y me dijo que tenía un infección en los oídos y que por eso me dolían tanto. Me recetó penicilina; menos mal°   thank goodness
que yo no soy alérgica a ninguna medicina. También me recetó unas gotas para el dolor de oídos.

No pude comprar las medicinas porque ya eran más de las seis cuando salí del consultorio y las farmacias se cierran a las seis.

¡Conteste!

1. ¿Cómo se sintió Rosaura toda la noche?

_____

2. ¿Qué le dolía a Rosaura?

_____

3. ¿Qué tomó Rosaura para la fiebre?

_____

4. ¿Por qué va a ir ella al médico?

_____

5. ¿Qué le dijo el médico después de examinarla?

_____

6. ¿Por qué le dolían tanto los oídos a Rosaura?

_____

7. ¿A qué medicinas es alérgica Rosaura?

_____

8. ¿Qué le recetó el doctor a Rosaura para la infección? ¿Para el dolor de oídos?

_____

9. ¿Qué hora era cuando Rosaura salió del consultorio del médico?

_____

10. ¿A qué hora se cierran las farmacias?

_____

11 Laboratory Activities

I. Vocabulario

The vocabulary will be read with pauses for you to repeat what you hear. Pay close attention to the speaker's pronunciation.

COGNADOS

alérgico(a)   allergic
la aspirina   aspirin
la infección   infection
la penicilina   penicillin

NOMBRES

el algodón   cotton
la cabeza   head
el catarro, el resfrío, el resfriado   cold
el consultorio   doctor's office
la curita   Band-aid
el (la) farmacéutico(a)   pharmacist
la fiebre   fever
la garganta   throat
la gota   drop
el grado   degree
la gripe   flu
el jarabe   syrup
la madrugada   early morning (*pre-dawn*)
la nariz   nose
el oído   ear (*internal*)
la pulmonía   pneumonia
la receta   prescription
la tos   cough

VERBOS

bajar   to go down
dormirse (o > ue)   to fall asleep
esperar   to hope
examinar   to examine, to check
mejorarse   to get better
sentirse (e > ie)   to feel
sugerir (e > ie)   to suggest

ADJETIVOS

enfermo(a)   sick
embarazada   pregnant

OTRAS PALABRAS Y EXPRESIONES

además   besides
antes (de)   before
(el) dolor de cabeza   headache
durante   during
en ese caso   in that case
las gotas para la nariz   nose drops
mal   badly
pronto   soon

II. Diálogos: En la farmacia y en el consultorio del médico

The dialogues will be read first without pauses. Pay close attention to the speakers' intonation and pronunciation patterns.

Alicia llegó a Asunción ayer. Durante el día se divirtió mucho, pero por la noche se sintió mal y no durmió bien. Eran las cuatro de la madrugada cuando por fin pudo dormirse. Se levantó a las ocho y fue a la farmacia. Allí habló con el Sr. Paz, el farmacéutico.

Sr. Paz:	—¿En qué puedo servirle, señorita?
Alicia:	—Quiero que me dé algo para el catarro.
Sr. Paz:	—¿Tiene fiebre?
Alicia:	—Sí, tengo una temperatura de treinta y nueve grados. Además tengo tos y mucho dolor de cabeza.
Sr. Paz:	—Tome dos aspirinas cada cuatro horas y este jarabe para la tos.
Alicia:	—¿Y si la fiebre no baja?
Sr. Paz:	—En ese caso, va a necesitar penicilina. Yo le sugiero que vaya al médico.
Alicia:	—Espero que no sea gripe..., ¡o pulmonía!
Sr. Paz:	—¿Necesita algo más?
Alicia:	—Sí, unas gotas para la nariz, curitas y algodón.

Al día siguiente, Alicia sigue enferma y decide ir al médico. El doctor la examina y luego habla con ella.

Dr. Soto:	—Ud. tiene una infección en la garganta y en los oídos. ¿Es Ud. alérgica a alguna medicina?
Alicia:	—No, doctor.
Dr. Soto:	—Muy bien. Le voy a recetar unas pastillas. Ud no está embarazada, ¿verdad?
Alicia:	—No, doctor. ¿Hay alguna farmacia cerca de aquí?
Dr. Soto:	—Sí, hay una en la esquina. Aquí tiene la receta.
Alicia:	—¿Tengo que tomar las pastillas antes o después de las comidas?
Dr. Soto:	—Después. Espero que se mejore pronto.

Now the dialogues will be read with pauses for you to repeat what you hear. Imitate the speakers' intonation patterns.

III. Preguntas y respuestas

The speaker will ask several questions based on the dialogues. Answer each question, always omitting the subject. The speaker will verify your response. Repeat the correct answer.

1. ¿El señor Paz es médico o es farmacéutico?
2. ¿Alicia tiene catarro o tiene una herida?
3. ¿Alicia tiene dolor de cabeza o dolor de espalda?
4. ¿El farmacéutico le sugiere que vaya a la sala de rayos X o le sugiere que vaya al médico?
5. ¿Alicia necesita unas gotas para los ojos o unas gotas para la nariz?
6. ¿Alicia es alérgica a alguna medicina o no es alérgica a ninguna medicina?
7. ¿El doctor le va a recetar unas pastillas o unas gotas?
8. ¿En la esquina hay un hospital o hay una farmacia?
9. ¿Alicia tiene que tomar las pastillas antes o después de las comidas?
10. ¿El doctor espera que Alicia vuelva pronto o que se mejore pronto?

IV. Puntos para recordar

A. The speaker will ask several questions. Answer each one, using the cue provided to say what the people mentioned should do. Always use the subjunctive. The speaker will verify your response. Repeat the correct answer. Follow the model.

> MODELO: —¿Qué quieres tú que yo haga?   (hablar con el médico)
> —*Quiero que hables con el médico.*

B. Respond to each statement you hear by saying that Eva doesn't want the people mentioned to do what they want to do. The speaker will verify your response. Repeat the correct answer. Follow the model.

> MODELO: Yo quiero bajar.
> *Eva no quiere que yo baje.*

C. The speaker will make some statements describing how he feels. Change each statement so that it expresses an emotion with regard to someone else. The speaker will verify your response. Repeat the correct answer. Follow the model.

> MODELO: Me alegro de estar aquí.   (de que tú)
> *Me alegro de que tú estés aquí.*

D. Change each statement you hear so that it expresses an emotion, using the cue provided. The speaker will verify your response. Repeat the correct answer. Follow the model.

> MODELO: Ernesto no viene hoy.   (Siento)
> *Siento que Ernesto no venga hoy.*

V. Ejercicio de comprensión

You will hear three statements about each picture. Circle the letter of the statement that best corresponds to the picture. The speaker will verify your response.

VI. Para escuchar y escribir

The speaker will read five sentences. Each sentence will be read twice. After the first reading, write what you have heard. After the second reading, check your work and fill in what you have missed.

1. _____

2. _____

3. _____

4. _____

5. _____

12 Workbook Activities

A. Complete each sentence with either **por** or **para**. Indicate the reason for your choice by placing its corresponding letter in the blank provided before the sentence.

Uses of *por*
a. motion: through, along, by, via
b. cause or motive of an action
c. means, manner, unit of measure
d. in exchange for
e. period of time during which an action takes place

Uses of *para*
f. destination in space
g. goal for a specific point in time
h. whom or what something is for
i. in order to

1. _____ El pasaje es _____ Consuelo.

2. _____ Pagamos cincuenta dólares _____ los bolsos de mano.

3. _____ La mesa no entra _____ la puerta.

4. _____ Me llama _____ teléfono todos los días.

5. _____ Necesito el dinero _____ el sábado.

6. _____ Vienen _____ hablar con el agente.

7. _____ Los folletos son _____ la agencia de viajes.

8. _____ Van a ir a la agencia mañana _____ la mañana.

9. _____ No fui a la excursión _____ no tener dinero.

B. Give the Spanish equivalent of the following dialogues.

1. "I paid fifty dollars for these suitcases."
   "Are they for your daughter?"
   "Yes, she needs them for Sunday."

   _____

   _____

   _____

2. "We are leaving for Arizona tomorrow."
   "Are you going by plane?"
   "No, by bus."

   _____

   _____

   _____

3. "Did your son stay in Mexico for a year?"
   "Yes, he went there to study Spanish."

   _____

   _____

C. Look at the pictures and complete each sentence using either the indicative or the subjunctive.

1. Vamos a _____

   donde _____

   _____

2. ¿Hay algún _____

   donde _____

   _____ ?

3. Tengo una empleada que

   _____

   _____

4. Necesito un _____

   _____

   _____

5. Tengo una amiga que

   _____

   _____

6. No conozco a nadie que

   _____

   _____

171

D. Complete the chart below with the familiar **tú** command forms.

Infinitive	Affirmative Command	Negative Command
1. viajar		
2. comer		
3. escribir		
4. hacerlo		
5. venir		
6. bañarse		
7. vestirse		
8. dormirse		
9. ponerlo		
10. ir		
11. ser		
12. dármelas		
13. levantarse		
14. tener		
15. salir		
16. decírselo		

E. Complete the following dialogue with the **tú** command forms of the verbs listed. Some verbs may be used more than once.

decirle   ponerle   ir   hacer   traerme   venir   llamar   preguntar

Ana: —Rosa, ¿qué quieres que haga?

Rosa: — _____ a la agencia de viajes y _____ unos folletos sobre

excursiones a Río. _____ si hay excursiones que incluyan el hotel.

Ana: —¿A qué hora vengo mañana?

Rosa: — _____ a las tres. Ah, y _____ a Carlos esta tarde.

Ana: —¿Qué le digo?

Rosa: — _____ que necesito sus maletas, pero no

_____ que tú vas a viajar conmigo.

Ana: —¿Hago algo para comer?

Rosa: —Sí, _____ una ensalada. _____ aceite, pero no

_____ vinagre.

F. Complete the following sentences, using the prepositions, **a, de,** and **en.**

1. Voy _____ llevar _____ mi hijo _____ casa de Jorge, que lo va _____ enseñar _____

manejar. Tenemos que estar _____ su casa _____ las tres _____ la tarde.

2. Ayer conocí _____ la hermana _____ Raúl. Es una chica muy simpática. Es morena, _____

ojos verdes, y Raúl dice que ella es la más inteligente _____ la familia.

3. Las vacaciones pasadas mis hermanos fueron a México. Fueron _____ tren y no hacen **más**

que hablar _____ su viaje.

G. Unscramble the following groups of words to form logical sentences.

1. ¿ / al / aerolínea / yo / billetes / le / los / quieres / pida / agente / la / de / que ?

_____

_____

2. avión / del / subir / 824 / los / ahora / vuelo / deben / al / pasajeros

_____

_____

3. porque / en / dudo / vuelo / que / ese / tienen / ellos / trasbordar / vayan / que

_____

_____

H. Crucigrama

HORIZONTAL

4. Quiero un asiento de _____ .

7. Necesito un _____ para viajar a Perú.

8. Viajar entre _____ es más barato que viajar el domingo.

9. Le deseo _____ viaje.

10. Voy a la _____ de viajes para comprar un pasaje.

11. Los aviones salen del _____ .

13. ¿El precio de la excursión _____ el hotel?

14. Quiero un billete de ida y _____ .

16. No va a viajar sola. Va a viajar _____ .

20. La puerta de _____ es la número 2.

21. No vamos a _____ de vacaciones este verano.

22. Quiero un _____ en la sección de no fumar.

VERTICAL

1. El agente nos _____ los folletos.

2. Verbo: viajar. Nombre: _____ .

3. Aquí tiene los _____ para su equipaje.

5. Es la última _____ para el vuelo 208.

6. Los norteamericanos no necesitan _____ para viajar a Canadá.

8. Los pasajeros deben _____ al avión.

10. *Delta* y *American* son dos _____ .

12. billete

15. El vuelo no es directo. Hace _____ .

17. persona que viaja en un avión, en un tren, etc.

18. Van a viajar _____ de diez días.

19. Tiene muchas maletas. Debe pagar _____ de equipaje.

12 Laboratory Activities

I. Vocabulario

The vocabulary will be read with pauses for you to repeat what you hear. Pay close attention to the speaker's pronunciation.

COGNADOS

la aerolínea airline
el aeropuerto airport
el (la) agente agent
la excursión excursion, tour
el pasaporte passport
la persona person
la sección section
el tipo type
turista tourist
la visa visa

NOMBRES

la agencia de viajes travel agency
el asiento seat
  ——**de pasillo** aisle seat
  ——**de ventanilla** window seat
el avión plane
el bolso de mano carry-on bag
el comprobante claim check
el equipaje luggage
el folleto brochure
la llamada call
la maleta, la valija suitcase
el pasaje, el billete ticket
el (la) pasajero(a) passenger
la puerta de salida boarding gate
la salida exit
el viaje trip
el vuelo flight

VERBOS

cambiar to change
cobrar to charge
fumar to smoke
incluir to include
mostrar (o > ue), enseñar to show
regresar to return
reservar to reserve
subir (a) to board (*a vehicle*)
trasbordar to change planes, ships, etc.
viajar to travel

ADJETIVOS

acompañado(a) with someone else, accompanied
tanto(a) as much, as many

OTRAS PALABRAS Y EXPRESIONES

¡Buen viaje! Have a nice trip!
de ida one-way
de ida y vuelta round-trip
de viaje on a trip
demasiado too much
dentro de quince días in two weeks
entre semana during the week
el exceso de equipaje excess baggage (*charge*)
hacer escala to stop over
ir(se) de vacaciones to go on vacation
sección de (no) fumar (non)smoking section

II. Diálogos: De viaje a Río de Janeiro

The dialogues will be read first without pauses. Pay close attention to the speakers' intonation and pronunciation patterns.

Isabel y Delia quieren ir de vacaciones a Río y van a una agencia de viajes para reservar los pasajes. Ahora están hablando con el agente.

Isabel:	—¿Cuánto cuesta un pasaje de ida y vuelta a Río en clase turista?
Agente:	—Mil quinientos dólares si viajan entre semana.
Isabel:	—¿Hay alguna excursión que incluya el hotel?
Agente:	—Sí, hay varias que incluyen el hotel, especialmente para personas que viajan acompañadas.

El agente les muestra folletos sobre varios tipos de excursiones.

Delia:	—Nos gusta ésta. ¿Hay algún vuelo que salga el jueves?
Agente:	—A ver... Sí, hay uno que sale por la tarde y hace escala en Miami.
Isabel:	—¿Tenemos que trasbordar?
Agente:	—No, no tienen que cambiar de avión. ¿Cuándo desean regresar?
Delia:	—Dentro de quince días.
Agente:	—Muy bien. Necesitan pasaporte y visa para Brasil.
Isabel:	—(*A Delia.*) Llama por teléfono a tu mamá y dile que necesitas tu pasaporte.
Delia:	—Bueno... y tú ve al banco y compra cheques de viajero.

El día del viaje, Isabel y Delia hablan con la agente de la aerolínea en el aeropuerto.

Isabel:	—Queremos un asiento de pasillo y uno de ventanilla en la sección de no fumar.
Agente:	—Muy bien. ¿Cuántas maletas tienen?
Isabel:	—Cinco, y dos bolsos de mano.
Agente:	—Tienen que pagar exceso de equipaje. Son veinticinco dólares.
Delia:	—Está bien. ¿Cuál es la puerta de salida?
Agente:	—La número cuatro. Aquí tienen los comprobantes. ¡Buen viaje!

En la puerta número cuatro.

"Última llamada. Pasajeros del vuelo 712 a Río de Janeiro, suban al avión, por favor."

Isabel:	—¡Cobraron demasiado por el exceso de equipaje!
Delia:	—¡No hay nadie que viaje con tanto equipaje como nosotras!

Now the dialogues will be read with pauses for you to repeat what you hear. Imitate the speakers' intonation patterns.

III. Preguntas y respuestas

The speaker will ask several questions based on the dialogues. Answer each question, always omitting the subject. The speaker will verify your response. Repeat the correct answer.

1. ¿Isabel va a viajar sola o va a viajar acompañada?
2. ¿Isabel y Delia quieren pasajes en clase turista o en primera clase?
3. ¿Hay varias excursiones que incluyan el hotel o no hay ninguna?
4. ¿Las chicas van a viajar entre semana o van a viajar el domingo?
5. ¿El avión hace escala en Miami o hace escala en Brasil?
6. ¿Isabel y Delia tienen que trasbordar o no tienen que cambiar de avión?
7. ¿Isabel y Delia quieren regresar dentro de quince días o dentro de un mes?
8. ¿Isabel quiere los asientos en la sección de fumar o en la sección de no fumar?
9. ¿Isabel y Delia tienen mucho equipaje o tienen poco equipaje?
10. ¿Los pasajeros del vuelo 712 deben subir al avión o deben bajar del avión?

IV. Puntos para recordar

A. The speaker will ask several questions. Answer each one, using the cue provided. Pay special attention to the use of **por** and **para** in each question. The speaker will verify your response. Repeat the correct answer. Follow the model.

> MODELO: —¿Para quién es la maleta? (Rita)
> —*La maleta es para Rita.*

B. Answer each question you hear according to the cue provided, using the subjunctive or the indicative as appropriate. The speaker will verify your response. Repeat the correct answer. Follow the model.

> MODELO: —¿Conoces a alguien que viaje a Brasil este verano? (no)
> —*No, no conozco a nadie que viaje a Brasil este verano.*

C. Answer each question you hear in the affirmative, using the **tú** command form of the verb. If a question has a direct object, substitute the appropriate direct object pronoun. The speaker will verify your response. Repeat the correct answer. Follow the model.

> MODELO: —¿Traigo los folletos?
> —*Sí, tráelos.*

D. Answer each question you hear in the negative, using the **tú** command form of the verb. If the question has a direct object, substitute the appropriate direct object pronoun. The speaker will verify your response. Repeat the correct answer. Follow the model.

> MODELO: —¿Traigo los billetes?
> —*No, no los traigas.*

E. Answer each question you hear, using the cue provided. Pay special attention to the use of the prepositions **a, en,** and **de.** The speaker will verify your response. Repeat the correct answer. Follow the model.

      MODELO: —¿A qué hora sale el avión?   (a las ocho)
                   —*Sale a las ocho.*

V. Ejercicio de comprensión

You will hear three statements about each picture. Circle the letter of the statement that best corresponds to the picture. The speaker will verify your response.

1.

a b c

2.

a b c

3.

a b c

4.

a b c

5.

a b c

6.

a b c

7.

a b c

8.

a b c

VI. Para escuchar y escribir

The speaker will read five sentences. Each sentence will be read twice. After the first reading, write what you have heard. After the second reading, check your work and fill in what you have missed.

1. _____

2. _____

3. _____

4. _____

5. _____

13 Workbook Activities

A. Rewrite each of the following sentences, beginning with the phrase provided.

1. Es verdad que debo desocupar el cuarto a las doce.

   No es verdad _____ .

2. No creemos que ése sea el precio.

   Creemos _____ .

3. Es cierto que el cuarto tiene aire acondicionado.

   No es cierto _____ .

4. Creo que el baño tiene ducha y bañadera.

   No creo _____ .

5. No es verdad que el hotel tenga servicio de habitación.

   Es verdad _____ .

6. No es cierto que él esté muerto.

   Es cierto _____ .

7. Estoy seguro de que sirven el desayuno en el cuarto.

   No estoy seguro _____ .

8. No dudo que el precio incluye desayuno, almuerzo y cena.

   Dudo _____ .

B. Rewrite each of the following sentences, beginning with the word or phrase provided.

> MODELO: Todos las días, en cuanto llego a casa, llamo a Marta.
> Mañana, *en cuanto llegue a casa, voy a llamar a Marta.*

1. Cuando viene el dueño, me da la llave.

   Esta noche, _____ .

2. Siempre lo esperamos hasta que llega.

   Lo vamos a esperar _____ .

3. Ayer ella me sirvió el almuerzo en cuanto llegué.

   Mañana _____ .

4. La semana pasada, Roberto compró los libros tan pronto como recibió el dinero.

   La semana próxima, _____ .

5. Anoche ella me habló en cuanto me vio.

   Esta noche _____ .

6. Todos los días Teresa se va a su casa en cuanto termina.

   Mañana _____ .

C. Use the subjunctive after the expressions **a menos que, antes de que,** and **para que** to complete the following sentences.

1. Vamos a pedir arroz a menos que tú (querer) _____ biftec.

   él (preferir) _____ pollo.

   Uds. (desear) _____ sopa.

2. Voy a poner la calefacción antes de que él (llegar) _____ .

   ellos (venir) _____ .

   tú (salir) _____ .

3. Van a comprar los libros para que yo (poder) _____ estudiar.

   nosotros (leerlos) _____ .

   ella (tenerlos) _____ .

D. Answer each of the following questions, using the first-person plural command and the cue provided. Substitute direct object pronouns for the direct object where possible.

MODELO: —¿Qué comemos?   (bistec)
—*Comamos bistec.*

1. ¿Por cuánto tiempo nos quedamos en México?   (dos semanas)

_____

2. ¿En qué hotel nos hospedamos?   (en el Hilton)

_____

3. ¿Con quién hablamos?   (con el dueño)

_____

4. ¿Comemos en el cuarto o en el restaurante?   (en el cuarto)

_____

5. ¿A quién le pedimos la llave?   (al gerente)

_____

6. ¿Dónde dejamos las joyas?   (en la caja de seguridad)

_____

7. ¿A qué hora nos acostamos esta noche?   (temprano)

_____

8. ¿A qué hora nos levantamos mañana?   (tarde)

_____

E. Unscramble the following groups of words to form logical sentences.

1. que / comer / dudo / pero / sirvan / queremos / hora / comida / esta / a

_____

2. gerente / cuarto / las / llama / al / maletas / que / el / botones / para / lleve / al

_____

3. habitación / antes / algo / comamos / de / la / subir / a

_____

F. Crucigrama

HORIZONTAL

2. cuarto de la casa donde comemos

4. Lo necesitamos para mirar nuestro programa favorito.

5. comida que comemos por la mañana

8. El baño tiene ducha y _____ .

10. cama doble, o cama _____ .

11. propietaria

12. En un hotel, esta persona lleva las maletas al cuarto.

13. El cuarto tiene aire _____ .

15. cuarto

16. *soon,* en español

17. lo que cobran

18. no estar seguro

19. Quiero un cuarto con _____ a la calle.

VERTICAL

1. Voy a dejar mis joyas en la caja de _____ .

3. Generalmente es más barata que un hotel.

6. La necesito para abrir la puerta.

7. La necesitamos en el cuarto cuando hace frío.

9. Comida que se come al mediodía.

14. *to vacate,* en español

15. quedarse (i.e., en un hotel)

188

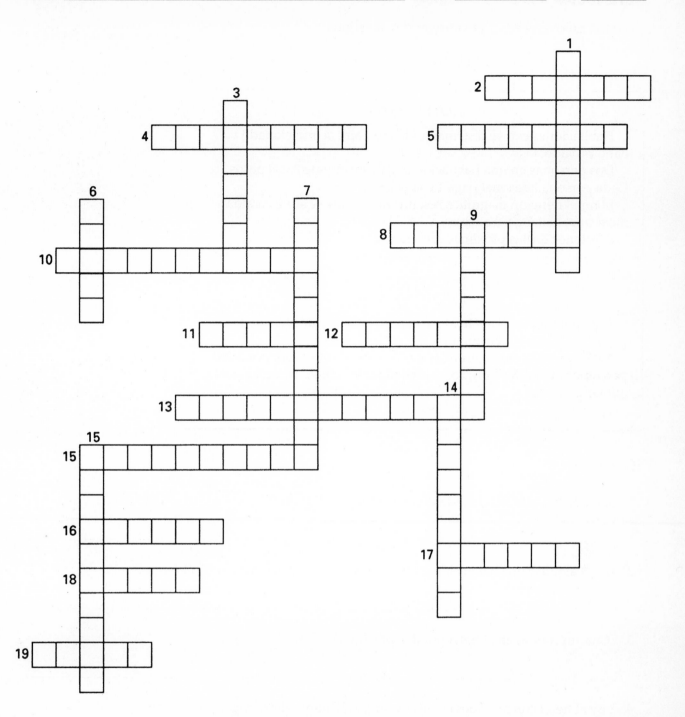

Para leer

Read the following ads, then answer the questions.

DE LA SECCIÓN DE ANUNCIOS°

HOTEL FIESTA

Habitaciones con vista al mar, todas con aire acondicionado y baño privado.

Dos personas en una habitación pagan solamente 3.200 pesos. Cada persona adicional paga 1.000 pesos.

El hotel tiene un magnífico restaurante donde se sirve comida mexicana, italiana y francesa.

¡Visítenos en sus próximas vacaciones!

PENSIÓN RIVAS

¿No quiere gastar mucho dinero, pero desea estar cerca de la playa? ¡Venga a la Pensión Rivas!

Nuestros cuartos son grandes y cómodos° y sólo cobramos 3.000 pesos por persona. El precio incluye todas las comidas: desayuno, almuerzo y cena.

comfortable

¡Conteste!

1. ¿Cree Ud. que el hotel Fiesta está en la playa? ¿Por qué?

   _____

2. Voy a alquilar una habitación en el hotel Fiesta. ¿Voy a tener calor? ¿Por qué?

   _____

3. ¿Cuánto cobran en el hotel por dos personas?

   _____

4. Voy al hotel con mi esposa y mis dos hijos. ¿Cuánto debo pagar por los niños?

   _____

5. ¿Cuánto vamos a pagar en total?

   _____

6. Me gusta la comida mexicana. ¿Puedo comerla en el hotel Fiesta?

   _____

7. ¿Sirven comida internacional en el hotel?

   _____

8. ¿Cuál es más barato, el hotel Fiesta o la pensión Rivas?

   _____

9. ¿Cuánto paga una persona en la Pensión Rivas?

   _____

10. ¿Cuánto debo pagar extra por las comidas en la Pensión Rivas?

   _____

13 Laboratory Activities

I. Vocabulario

The vocabulary will be read with pauses for you to repeat what you hear. Pay close attention to the speaker's pronunciation.

COGNADOS

el aire acondicionado   air-conditioning
privado(a)   private
el registro   register

NOMBRES

el almuerzo   lunch
la bañadera   bathtub
el baño, el cuarto de baño   bathroom
el botones   bellhop
la caja de seguridad   safe-deposit box
la calefacción   heating
la calle   street
la cama doble, la cama matrimonial   double
   bed
el comedor   dining room
el desayuno   breakfast
la ducha, la regadera (*Mex.*)   shower
el (la) dueño(a)   owner, proprietor
el (la) gerente   manager
la habitación, el cuarto   room
la joya, las joyas   jewel, jewelry
la llave   key
el mediodía   noon
la pensión   boarding house
el precio   price
el servicio de habitación   room service
el televisor   TV set

VERBOS

desocupar   to vacate
dudar   to doubt
firmar   to sign
hospedarse   to stay, to lodge
subir   to go up

OTRAS PALABRAS Y EXPRESIONES

al mediodía   at noon
aunque   although
como   as, like
con vista a   overlooking, with a view of
desocupar el cuarto   to check out of a hotel
   room
en cuanto, tan pronto como   as soon as
hasta que   until
los señores   Mr. and Mrs.
más de   more than
media hora   half an hour
Somos dos.   There are two of us.

II. Diálogos: ¿Dónde nos hospedamos?

Hace unos minutos que los señores Paz llegaron al hotel Regis, en Buenos Aires. Como no tienen reservación, hablan con el gerente para pedir una habitación.

Sr. Paz:	—Queremos una habitación con baño privado, aire acondicionado y una cama doble.
Gerente:	—Hay una con vista a la calle, pero tienen que esperar hasta que terminen de limpiarla.
Sr. Paz:	—Bien. Somos dos personas. ¿Cuánto cobran por el cuarto?
Gerente:	—Noventa pesos por noche.
Sra. Paz:	—¿Tienen servicio de habitación? Queremos comer en cuanto lleguemos al cuarto.
Gerente:	—Sí, señora, pero dudo que a esta hora sirvan comida.

El señor Paz firma el registro; el gerente le da la llave y llama al botones para que lleve las maletas al cuarto.

Sr. Paz:	—¿A qué hora tenemos que desocupar el cuarto?
Gerente:	—Al mediodía, aunque pueden quedarse media hora extra.
Sra. Paz:	—(*A su esposo.*) Vamos a un restaurante y comamos algo antes de subir a la habitación.
Sr. Paz:	—Sí, pero primero dejemos tus joyas en la caja de seguridad del hotel.
Sra. Paz:	—Oye, no es verdad que el Regis sea tan caro como nos dijeron.

Mario y Jorge están hablando con el dueño de la pensión Carreras, donde piensan hospedarse. Le preguntan el precio de las habitaciones.

Dueño:	—Con comida, cobramos trescientos pesos por semana.
Mario:	—¿Eso incluye desayuno, almuerzo y cena?
Dueño:	—Sí. ¿Por cuánto tiempo piensan quedarse?
Mario:	—No creo que podamos quedarnos más de una semana.
Jorge:	—Tienes razón... (*Al dueño.*) ¿El baño tiene bañadera o ducha?
Dueño:	—Ducha, con agua caliente y fría. Y todos los cuartos tienen calefacción.
Mario:	—¿Hay televisor en el cuarto?
Dueño:	—No, pero hay uno en el comedor.
Mario:	—Gracias. (*A Jorge.*) Cuando vayamos a Mar del Plata, tratemos de encontrar otra pensión como ésta.

Now the dialogues will be read with pauses for you to repeat what you hear. Imitate the speakers' intonation patterns.

III. Preguntas y respuestas

The speaker will ask several questions based on the dialogues. Answer each question, omitting the subject whenever possible. The speaker will verify your response. Repeat the correct answer.

1. ¿El hotel Regis está en Buenos Aires o en Montevideo?
2. ¿Los señores Paz hablan con el gerente o con el botones?
3. ¿Los señores Paz quieren comer en cuanto lleguen a su habitación o más tarde?
4. ¿Quién lleva las maletas de los señores Paz, el botones o el Sr. Paz?
5. ¿Los señores Paz tienen que desocupar el cuarto al mediodía o a la medianoche?
6. ¿Van a dejar las joyas de la Sra. Paz en la caja de seguridad o en la habitación?
7. ¿Mario y Jorge están hablando con el dueño de la pensión o con el empleado?
8. ¿Mario y Jorge piensan quedarse en la pensión por una semana o por un mes?
9. ¿Todos los cuartos de la pensión tienen aire acondicionado o tienen calefacción?
10. ¿Hay televisor en el cuarto o en el comedor?

IV. Puntos para recordar

A. Change each statement you hear, using the cue provided. The speaker will verify your response. Repeat the correct answer. Follow the model.

> MODELO: El baño tiene bañadera.   (no creo)
> *No creo que el baño tenga bañadera.*

B. Change each statement you hear, using the cue provided. The speaker will verify your response. Repeat the correct answer. Follow the model.

> MODELO: Le hablo cuando lo veo.   (le voy a hablar)
> *Le voy a hablar cuando lo vea.*

C. Answer each question you hear, using the first-person plural command form and the cue provided. The speaker will verify your response. Repeat the correct answer. Follow the model.

> MODELO: —¿Con quién hablamos?   (con el dueño)
> *—Hablemos con el dueño.*

V. Ejercicio de comprensión

You will hear three statements about each picture. Circle the letter that best corresponds to the picture. The speaker will verify your response.

VI. Para escuchar y escribir

The speaker will read five sentences. Each sentence will be read twice. After the first reading, write what you have heard. After the second reading, check your work and fill in what you have missed.

1. _____

2. _____

3. _____

4. _____

5. _____

14 Workbook Activities

A. Complete the chart below with verb forms in the future tense.

Infinitive	yo	tú	Ud., él, ella	nosotros(as)	Uds., ellos, ellas
1. ayudar					
2. decir	diré				
3. hacer		harás			
4. querer			querrá		
5. saber				sabremos	
6. poder					podrán
7. salir	saldré				
8. poner		pondrás			
9. venir			vendrá		
10. tener				tendremos	
11. ir					irán

B. Answer each of the following questions, using the cue provided and the future tense of the verb.

MODELO: ¿Cuándo vas a bañar al perro?   (por la tarde)
Bañaré al perro por la tarde.

1. ¿Cuándo van a poder ellos cortar el césped?   (mañana)

_____

2. ¿Cuándo va a barrer la cocina la criada?   (ahora)

_____

3. ¿Cuándo vas a llevar a arreglar el coche?   (este fin de semana)

_____

4. ¿Qué van a hacer Uds. para el almuerzo?   (una ensalada)

_____

5. ¿Dónde van a poner Uds. las flores?   (en el florero)

_____

6. ¿Con quién van a venir las chicas?   (con Ernesto)

_____

7. ¿A qué hora va a salir Carlos?   (a las nueve)

_____

8. ¿Cuándo lo voy a saber?   (mañana)

_____

9. ¿A quién se lo van a decir Uds.?   (a nadie)

_____

10. ¿Cuándo vas a ir a la playa?   (el domingo)

_____

C. Complete the following sentences, using the conditional tense of the verbs listed.

pasar	darse	abrir	poner	saber
sacar	poder	ir	lavar	ayudar

1. Yo no _____ las sábanas ni las fundas ahora.

2. Ella te _____ a poner la mesa, pero no tiene tiempo.

3. ¿Tú le _____ tanta sal y pimienta a la carne?

4. Nosotros no _____ a la fiesta con él.

5. ¿Ud. _____ la aspiradora?

6. ¿ _____ Uds. volver dentro de media hora?

7. ¿Tú _____ la basura ahora?

8. Entonces nosotros _____ prisa.

9. ¿Pepe está tocando a la puerta? ¡Yo no le _____ !

10. Ellos no _____ qué hacer.

D. Complete the following sentences with the Spanish equivalent of the verbs in parentheses and the appropriate prepositions.

1. Ana _____ (*fell in love with*) Carlos cuando tenía diez y siete años, pero

   nunca _____ (*married*) él.

2. Mis padres _____ (*insist*) que salga con Raúl; pero no

   _____ (*realize*) que él no es simpático.

3. ¿Cuándo vas a _____ (*get engaged to*) Teresa? Tus padres van a

   _____ (*to be glad*) que ella sea tu novia.

4. Debes _____ (*to remember*) llamar a Mirta para invitarla a la fiesta.

5. _____ (*I forgot*) que la criada tenía el día libre e invité a Ernesto a

   comer.

E. Unscramble the following groups of words to form logical sentences.

1. conmigo / fin / vendrán / padres / a / este / semana / mis / pasar / de

   _____

   _____

2. funcionaban / ayer / cuenta / frenos / que / me / no / los / di / de

   _____

   _____

3. limpiarlo / mandaría / lo / seco / la / a / para / en / tintorería / yo

   _____

   _____

F. Crucigrama

HORIZONTAL

2. Voy a lavar y a _____ estos pantalones.

5. Necesito la escoba y el _____ para barrer la cocina.

6. Lavé las sábanas y las _____ .

8. La leche está fría porque está en el _____ .

10. Ya es tarde. Debo _____ prisa.

12. Friego en el _____ .

15. Los frenos del coche no _____ .

16. No lavo el suéter aquí. Lo mando a la _____ .

18. Saca la _____ , que está debajo del fregadero.

19. Pusieron el coche en el _____ .

20. Hoy no trabajo. Tengo el día _____ .

VERTICAL

1. El bróculi y las _____ son vegetales.

2. Voy a bañar al _____ .

3. Llevé el coche al taller de _____ .

4. Puso las flores en el _____ .

7. ¿Puede _____ a Rosa en la cocina?

9. Voy a pasarle la _____ a la alfombra.

11. llaman a la puerta: _____ a la puerta.

13. Ponle aceite y _____ a la ensalada.

14. Van a poner el pan en el _____ .

16. Voy a bañarme. Necesito una _____

17. opuesto de olvidarse

Para leer

Read the note that Mrs. Campos left for María, the girl she hired to help her on weekends. Then answer the questions.

María:

Hoy tengo una reunión° de profesores y no vendré hasta las cinco de la tarde. Por favor, haz lo siguiente.°

meeting
the following

1. Friega los platos.
2. Limpia la cocina.
3. Pasa la aspiradora.
4. Lleva mi pantalón azul a la tintorería.
5. Lava las fundas, las sábanas y las toallas, pero no las planches.
6. Baña a los niños.
7. Pon la mesa. (No te olvides de poner la sal y la pimienta en la mesa.)
8. Ve al mercado y compra pescado y vegetales.

¡Conteste!

1. María estará en la casa de la Sra. Campos hasta las tres y media. ¿Podrá ver a la Sra. Campos? ¿Por qué?

   _____

2. ¿Qué hará María con los platos?

   _____

3. ¿Trabajará María en la cocina?

   _____

4. ¿María tendrá que lavar el pantalón azul?

   _____

5. ¿Limpiarán las fundas, las sábanas y las toallas en seco?

   _____

6. ¿Qué no hará María con las sábanas?

   _____

7. ¿Estarán los niños en su casa o irán a la reunión con la señora Campos?

   _____

8. ¿Le gusta a la Sra. Campos ponerle sal y pimienta a la comida? ¿Cómo lo sabe Ud.?

_____

9. ¿María irá solamente a la tintorería?

_____

10. ¿Qué comprará María?

_____

14 Laboratory Activities

I. Vocabulario

The vocabulary will be read with pauses for you to repeat what you hear. Pay close attention to the speaker's pronunciation.

COGNADOS

el ángel angel
el bróculi broccoli
el garaje garage
la paciencia patience
el refrigerador refrigerator
el vinagre vinegar

NOMBRES

el aceite oil
la alcachofa artichoke
la alfombra rug
la aspiradora vacuum cleaner
el barrio neighborhood
la basura trash, garbage
el césped, el zacate (*Mex.***)** lawn
la cocina kitchen
la criada, la muchacha maid
la escoba broom
la flor flower
el florero vase
el fregadero sink
los frenos brakes
la funda pillowcase
el horno oven
el perro dog
el recogedor dustpan
la sábana sheet
el taller de mecánica repair shop
la tintorería dry cleaner's
la toalla towel

VERBOS

acordarse (o > ue) de to remember
arreglar to fix, to repair
ayudar to help
barrer to sweep
fijarse to check, to notice
fregar (e > ie) to wash (*dishes*)
funcionar to work, to function
lavar to wash
olvidar(se) (de) to forget
planchar to iron

ADJETIVO

ocupado(a) busy

OTRAS PALABRAS Y EXPRESIONES

cortar el césped to mow the lawn
darse cuenta de to notice, to realize
darse prisa to hurry up
limpiar (lavar) en seco to dry clean
mi amor my love, darling
pasar la aspiradora to vacuum
tener el día libre to have the day off
tocar (llamar) a la puerta to knock at the door
todavía still
todavía no not yet

II. Diálogos: Un día muy ocupado

The dialogues will be read first without pauses. Pay close attention to the speakers' intonation and pronunciation patterns.

Hace dos meses que Rosa y Luis viven en el barrio Mirasierra, en Madrid. Hoy están limpiando la casa y cocinando porque los padres de Luis vendrán a pasar el fin de semana con ellos y la criada tiene el día libre.

Rosa: —Luis, pásale la aspiradora a la alfombra mientras yo barro la cocina.

Luis: —¡Ten paciencia, mi amor! Estoy fregando los platos.

Rosa: —¿¡Todavía!? Dame tu pantalón gris para lavarlo después.

Luis: —Yo no lo lavaría aquí; yo lo mandaría a la tintorería para limpiarlo en seco.

Rosa: —Entonces tráeme las sábanas, las fundas y las toallas.

Luis: —No las laves ahora; yo lo haré luego.

Rosa: —Gracias. Eres un ángel. No te olvides de sacar la basura. Está debajo del fregadero.

Luis: —Bueno, y si quieres que limpie el garaje, dame la escoba y el recogedor.

Rosa: —Tendremos que darnos prisa. Oye, acuérdate de llevar mi coche para que lo arreglen.

Luis: —Sí, ayer me di cuenta de que los frenos no funcionaban bien.

Luis cortó el césped, limpió el refrigerador y el garaje, bañó al perro y llevó el coche al taller de mecánica. Rosa lavó, planchó y cocinó.

Por la noche.

Rosa: —Tus padres estarán aquí dentro de media hora.

Luis: —¿Quieres que te ayude a hacer la sangría?

Rosa: —No, eso lo haremos después. Pon estas flores en el florero.

Luis: —¿Ya pusiste el pan en el horno?

Rosa: —No, todavía no. Ahora voy a preparar la ensalada.

Luis: —Ponle un poco de aceite, pero no le pongas mucho vinagre.

Rosa: —Fíjate si tenemos bróculi y alcachofas.

Luis: —Sí, hay. Oye, tocan a la puerta. Ve a abrir.

III. Preguntas y respuestas

The speaker will ask several questions based on the dialogues. Answer each question, always omitting the subject. The speaker will verify your response. Repeat the correct answer.

1. ¿Rosa quiere que Luis le pase la aspiradora a la alfombra o que barra la cocina?
2. ¿Luis está lavando las toallas o fregando los platos?
3. ¿Luis quiere lavar el pantalón o mandarlo a la tintorería?
4. ¿La basura está en el garaje o está debajo del fregadero?
5. Para barrer el garaje, ¿necesita Luis la escoba o los frenos?
6. ¿Luis llevó el coche al taller de mecánica o a la tintorería?
7. ¿Los padres de Luis vendrán dentro de media hora o dentro de una hora?
8. ¿Rosa va a preparar la ensalada o va a poner las flores en el florero?
9. ¿Luis quiere mucho vinagre en la ensalada o poco vinagre?
10. ¿Luis quiere que Rosa toque a la puerta o que Rosa abra la puerta?

IV. Puntos para recordar

A. The speaker will read several sentences. Change the verb in each sentence to the future tense. The speaker will verify your response. Repeat the correct answer. Follow the model.

> MODELO: Voy a hablar con ellos.
> *Hablaré con ellos.*

B. Change the verbs in each statement you hear to the conditional tense and use the cue provided to say what the people mentioned would do differently. If the sentence includes a direct or indirect object, substitute the appropriate pronoun. The speaker will verify your response. Repeat the correct answer. Follow the model.

> MODELO: Ana baña al perro.   (ellos / no bañarlo)
> *Ellos no lo bañarían.*

C. Answer each question you hear, using the cue provided. Pay special attention to the use of the prepositions. The speaker will verify your response. Repeat the correct answer. Follow the model.

> MODELO: —¿Con quién se va a casar su amigo?   (mi hermana)
> *—Se va a casar con mi hermana.*

V. Ejercicio de comprensión

You will hear three statements about each picture. Circle the letter of the statement that best corresponds to the picture. The speaker will verify your response.

1. a b c

2. a b c

3. a b c

4. a b c

5. a b c

6. a b c

7. a b c

8. a b c

VI. Para escuchar y escribir

The speaker will read five sentences. Each sentence will be read twice. After the first reading, write what you have heard. After the second reading, check your work and fill in what you have missed.

1. _____

2. _____

3. _____

4. _____

5. _____

15 Workbook Activities

A. Complete the following chart with verb forms in the imperfect subjunctive.

Infinitive	yo	tú	Ud., él, ella	nosotros(as)	Uds., ellos, ellas
1. hablar	hablara	hablaras	hablara	habláramos	hablaran
2. cerrar	cerrara				
3. volver			volviera		volvieran
4. pedir		pidieras			pidieran
5. dormir				durmiéramos	
6. ir			fuera		fueran
7. dar				diéramos	
8. estar			estuviera		
9. decir		dijeras			dijeran
10. venir			viniera	viniéramos	
11. querer			quisiera		
12. ser	fuera				fueran
13. tener		tuvieras			
14. conducir			condujera		condujeran
15. poner		pusieras		pusiéramos	
16. hacer					hicieran
17. saber		supieras			

B. Change each sentence to describe the action in the past.

1. Quiero que vayas al mercado y compres pan.

   Quería _____ .

2. Me pide que venga y escriba las cartas.

   Me pidió _____ .

3. Nos aconseja que tomemos clases por la mañana y trabajemos por la tarde.

   Nos aconsejó _____

   _____ .

4. Te sugiero que hagas una ensalada.

   Te sugerí _____ .

5. Les digo que vuelvan temprano.

   Les dije _____ .

6. Me gusta que me hablen en español.

   Me gustaría _____ .

7. No hay nadie que lo sepa.

   No había nadie _____ .

8. ¿Hay alguien que pueda ir con ustedes?

   ¿Había alguien _____ ?

9. Yo no creo que Ana esté comprometida.

   Yo no creía _____ .

10. Yo dudo que ellos sean estudiantes.

    Yo dudaba _____ .

11. Yo me alegro de que ella quiera ir a México.

    Yo me alegré _____ .

12. Temo que no pongan el dinero en el banco.

    Temía _____ .

C. Give the Spanish equivalent of the following sentences.

1. If I were David, I would choose the furniture.

   _____

2. If I have time, I'm going to visit my godfather.

   _____

3. I would buy the curtains if they brought them to the house.

   _____

4. She talks as if she knew it all.

   _____

5. If I have money, I will buy two night tables.

   _____

6. If they were here, we would be able to finish the work.

   _____

7. If I were to get the job, I would rent an apartment.

   _____

8. Antonio spends money as if he were rich.

   _____

9. If you (*pl.*) painted the apartment, they wouldn't charge you the cleaning deposit.

   _____

10. If they get married in June, they can go to Mallorca for their honeymoon.

    _____

D. Unscramble the following groups of words to form logical sentences.

1. boda / para / las / preparando / ahora / invitaciones / están / la

_____

2. el / padres / eligiéramos / dormitorio / que / mis / dijeron / me / muebles / los / para

_____

3. estamos / del / mucho / no / centro / conducir / tenemos / porque / que / cerca

_____

E. Crucigrama

HORIZONTAL

2. magnífico

4. Voy a _____ a mis amigos a mi fiesta.

5. *to worry,* en español

7. mujer de Cataluña

8. ¡No te rías! Te lo digo en _____ .

10. mesa, silla, cama, etc.

12. Leí los anuncios _____ .

15. tíos, primos, abuelos, etc.

16. apartamento

17. Necesito una mesita de _____ .

18. El día de mi cumpleaños, recibo muchos _____ .

19. Estamos en la _____ de estar.

21. *advantage,* en español

22. Me costó un _____ de la cara.

23. amor

VERTICAL

1. Están _____ para casarse.

3. parqueamos

6. Quiero ir a verlo hoy _____ .

9. ¿A dónde van de _____ de miel?

11. escogemos

12. Compré _____ para la ventana.

13. metro

14. Me gusta mucho; ¡me _____ !

20. ¿Se vende el piso o se _____ ?

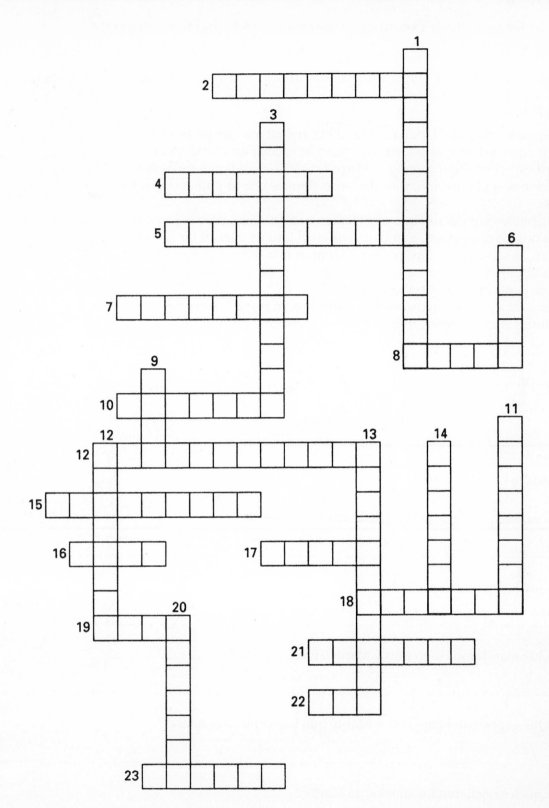

Para leer

Read the following letter from Marité to her friend Estela, and then answer the questions.

14 de junio

Querida Estela:

¡No puedo creerlo! ¡Mañana me caso! Me encantaría que pudiéramos conversar, pero como no podemos hacerlo, te escribo esta carta. Bueno, es como si estuvieras aquí conmigo... Hugo Luis y yo mandamos todas las invitaciones el mes pasado, y los dos esperábamos que tú pudieras venir a la boda.

Mis abuelos nos dijeron que escogiéramos los muebles para el comedor, y ellos nos los compraron. Vamos a vivir en el piso de ellos hasta que ellos vuelvan de su viaje por Europa. Si tuviéramos más dinero, compraríamos una casa, pero por ahora, vamos a tener que alquilar un piso en el centro, cerca de la oficina donde trabaja Hugo Luis.

Bueno, espero que puedas venir a visitarnos. Si Hugo Luis tiene vacaciones en septiembre, iremos a verte. ¡Escríbeme pronto!

Cariños,

Marité

¡Conteste!

1. ¿Cuál es la fecha de la boda de Hugo Luis y Marité?

_____

2. ¿Qué le encantaría a Marité?

_____

3. ¿Qué mandaron Hugo Luis y Marité el mes pasado?

_____

4. ¿Qué esperaban Hugo Luis y Marité que Estela pudiera hacer?

_____

5. ¿Que les regalaron los abuelos de Marité?

_____

6. ¿Dónde van a vivir Hugo Luis y Marité después de la boda?

_____

7. ¿Hasta cuándo van a vivir allí?

_____

8. ¿Qué harían Marité y Hugo Luis si tuvieran más dinero?

_____

9. ¿Dónde van a alquilar un piso Marité y Hugo Luis?

_____

10. ¿Qué harán Hugo Luis y Marité si él tiene vacaciones en septiembre?

_____

15 Laboratory Activities

I. Vocabulario

The vocabulary will be read with pauses for you to repeat what you hear. Pay close attention to the speaker's pronunciation.

COGNADOS

clasificados   classified
la compañía   company
el depósito   deposit
la estación   station
la lámpara   lamp
la recepción   reception
la terraza   terrace

NOMBRES

el alquiler   rent
el anuncio, el aviso   ad
la boda   wedding
el centro   downtown (*area*)
la cómoda   chest of drawers
la cortina   curtain, drape
el dormitorio, la recámara (*Méx.*)   bedroom
el (la) encargado(a)   manager (*of an apartment building*), superintendent
el espacio   space
la limpieza   cleaning
la luna de miel   honeymoon
la madera   wood
la madrina   godmother
la mesita de noche   night table
el metro, el subterráneo   subway
los muebles   furniture
el padrino   godfather
los padrinos   godparents
el (la) pariente(a)   relative
el periódico   newspaper
el piso (*Spain*)   apartment
el puesto   position, job
el regalo   gift, present
la sala de estar   den, family room
la ventaja   advantage

VERBOS

admitir   to admit
alquilar   to rent
anunciar   to announce
convencer (yo convenzo)   to convince
elegir (e > i), escoger (yo escojo)   to choose
escuchar   to listen (to)
estacionar, aparcar, parquear   to park
invitar   to invite
pintar   to paint
preocuparse   to worry
reírse   to laugh

ADJETIVOS

catalán (catalana)   person from Catalonia (Catalonian)
comprometido(a)   engaged
estupendo(a)   great, wonderful

OTRAS PALABRAS Y EXPRESIONES

así que   so
cariño   love (*term of endearment*)
¡Claro que no!   Of course not!
¡Claro que sí!   Of course!
costar un ojo de la cara   to cost an arm and a leg
en serio   seriously
encantarle a uno   to love, to like very much
hoy mismo   this very day
se alquila   for rent

II. Diálogos: Buscando apartamento

The dialogues will be read first without pauses. Pay close attention to the speaker's intonation and pronunciation patterns.

Magali, una chica cubana, y Rafael, un muchacho catalán, están comprometidos para casarse. Ahora están preparando las invitaciones para la boda.

Magali:	—(*Bromeando.*) Si no tuvieras tantos parientes, no tendríamos que mandar tantas invitaciones.
Rafael:	—(*Se ríe.*) ¡Pero, cariño, si no los invitáramos, no nos traerían regalos! ¡Ah! Y no te olvides de invitar a mis padrinos.

Magali:	—¡Claro que no! Pero, en serio... La recepción va a costar un ojo de la cara...
Rafael:	—No te preocupes... Oye, mis padres me dijeron ayer que eligiéramos los muebles para el dormitorio.
Magali:	—Yo tengo una cama, así que sólo vamos a necesitar la cómoda y dos mesitas de noche. Y dos lámparas...
Rafael:	—Mira, Magali. Aquí en el periódico anuncian un piso que parece estupendo. Escucha.

AVISOS CLASIFICADOS

Se alquila piso con dos dormitorios. Sala, comedor, cocina y cuarto de baño. Calefacción central. Espacio para estacionar. Cerca de la estación del metro.
Teléfono: 256-34-28

Magali:	—¡Vamos a verlo hoy mismo!

Esa tarde.

Rafael:	—Yo preferiría un piso que tuviera sala de estar y una terraza...
Magali:	—¡Me encantan las cortinas y el piso de madera!
Rafael:	—Sí, pero si alquiláramos este piso, tendríamos que pintarlo. Además, es un poco caro...
Magali:	—Si lo pintáramos, a lo mejor no nos cobrarían el depósito de limpieza.
Rafael:	—Bueno, y debo admitir que tiene una ventaja: no tenemos que conducir mucho porque estamos cerca del centro.
Magali:	—Vamos a hablar con el encargado. Si consigo el puesto en la compañía de seguros, no tendremos problemas para pagar el alquiler.
Rafael:	—Bueno, cariño, me has convencido.

Now the dialogues will be read with pauses for you to repeat what you hear. Imitate the speakers' intonation patterns.

III. Preguntas y respuestas

The speaker will ask several questions about the dialogues. Answer each question, always omitting the subject. The speaker will verify your response. Repeat the correct answer.

1. ¿Qué están preparando Magali y Rafael?
2. ¿Qué no tendrían que hacer si Rafael no tuviera tantos parientes?
3. ¿Qué dice Magali de la recepción?
4. ¿Qué le dijeron los padres de Rafael a su hijo?
5. Magali tiene una cama. ¿Qué otros muebles van a necesitar?
6. ¿Cuántos dormitorios tiene el piso que se alquila?
7. ¿Qué preferiría Rafael?
8. ¿Qué le encantan a Magali?
9. ¿Qué dice Magali que no les cobrarían si pintaran el piso?
10. ¿Qué dice Magali que no tendrán si ella consigue el puesto en la compañía de seguros?

IV. Puntos para recordar

A. Change each statement you hear so that it describes the past, using the cue provided. The speaker will verify your response. Repeat the correct answer. Follow the model.

> MODELO: Yo quiero que tú vuelvas.   (yo quería)
> *Yo quería que tú volvieras.*

B. Change each statement you hear to describe a situation that is hypothetical or contrary to fact, using the cue provided. The speaker will verify your response. Repeat the correct answer. Follow the model.

> MODELO: Iré si puedo.   (iría)
> *Iría si pudiera.*

C. You will hear a letter that Amalia writes to her friend Graciela. Then the speaker will make several statements about the letter. Circle **Verdadero** or **Falso** in your lab manual for each statement you hear. The speaker will verify your response.

1. Verdadero   Falso
2. Verdadero   Falso
3. Verdadero   Falso
4. Verdadero   Falso
5. Verdadero   Falso

6. Verdadero   Falso
7. Verdadero   Falso
8. Verdadero   Falso
9. Verdadero   Falso
10. Verdadero   Falso

V. Ejercicio de comprensión

You will hear three statements about each picture. Circle the letter of the statement that best corresponds to the picture. The speaker will verify your response.

VI. Para escuchar y escribir

The speaker will read five sentences. Each sentence will be read twice. After the first reading, write what you have heard. After the second reading, check your work and fill in what you have missed.

1. _____

2. _____

3. _____

4. _____

5. _____

Repaso

To review the material you have learned, the speaker will ask you some questions.
Answer each question with a complete sentence, using the cue provided. The speaker
will verify your response. Repeat the correct answer.

1. química
2. un año
3. ciencias económicas, historia y matemáticas
4. en el laboratorio de lenguas
5. el quince de septiembre
6. no, en un apartamento
7. sí, mucha
8. jugo de naranja
9. sí, el sábado
10. a las nueve
11. los discos
12. a mi mejor amiga
13. rubia, bonita y simpática
14. al banco
15. abrir una cuenta de ahorros
16. quinientos dólares
17. el cinco por ciento
18. con cheques
19. al correo
20. enviar un giro postal
21. sí
22. sí, mucho
23. a las siete y media
24. a la tienda
25. ~~impermeable~~ y dos pantalones

26. huevos con tocino
27. manzanas, peras y uvas
28. lechuga y tomate
29. en un restaurante
30. chuletas de cordero y puré de papas
31. cinco dólares
32. tuve un accidente
33. un autobús chocó con mi coche
34. sí, en una ambulancia
35. no, mal
36. la cabeza y la garganta
37. sí, una temperatura de 102 grados
38. penicilina
39. a México
40. quinientos dólares
41. de ventanilla
42. un par de zapatos
43. sí
44. sesenta dólares
45. quince días
46. sí
47. un coche grande
48. limpiar mi casa
49. cuatro
50. una cama, una mesa y una silla

Answer Keys
Answers to Workbook Exercises

Primer Paso

A. 1. mapa (m.) 2. pizarra (f.) 3. tiza (f.)
4. borrador (m.) 5. libros (m.) 6. escritorio
(m.) 7. profesor (m.) 8. cuaderno (m.)
9. lápiz (m.) 10. pluma (f.) 11. estudiante
(m.) 12. silla (f.) 13. estudiante (f.)
14. puerta (f.) 15. ventana (f.)

B. 1. los libros 2. un borrador
3. los lápices 4. la lección 5. unos
profesores 6. una ventana

C. 1. nueve 2. tres 3. cero 4. cinco 5. uno
6. diez 7. ocho 8. dos 9. seis 10. cuatro
11. siete

D. 1. Hay seis estudiantes. 2. Hay tres libros.
3. Hay un mapa. 4. Hay tres plumas.
5. Hay dos ventanas. 6. Hay tres mujeres.

E. 1. anaranjado 2. blue 3. rosado 4. gray
5. rojo 6. green 7. amarillo 8. black
9. blanco 10. brown

Segundo Paso

A. 1. _____ , _____ , martes 2. _____ ,
jueves, viernes 3. viernes, sábado, _____
4. lunes, _____ , miércoles 5. _____ ,
domingo, lunes

B. 1. *LUNES:* matemáticas, español *MARTES:*
español, historia, literatura *MIÉRCOLES:*
matemáticas, español *JUEVES:* español,
historia, biología *VIERNES:* matemáticas,
español, biología *SÁBADO:* música, literatura

C. 1. _____ , once, _____ , trece, catorce,
quince, _____ , _____ , dieciocho,
diecinueve, veinte, _____ , _____ , veintitrés,
veinticuatro, veinticinco, _____ . 2. _____ ,
cuarenta, cincuenta, _____ , setenta, _____ ,
noventa, cien

D. 1. sesenta y ocho libros 2. ochenta y nueve
estudiantes 3. treinta y tres hombres
4. cincuenta y seis mujeres 5. noventa y
cuatro sillas 6. setenta y dos cuadernos

E. *Answers will vary. Likely responses:* 1. Buenos
días, señora (señorita, señor). _____ Muy
bien, gracias. ¿Y Ud.? _____ Hasta luego.
_____ 2. ¿Cómo se llama Ud? _____
Mucho gusto, señora (señorita). _____
3. ¿Cómo se dice "*see you tomorrow*" en
español? _____ ¿Qué quiere decir "puerta"?

_____ Muchas gracias. _____ 4. ¿Qué
fecha es hoy?

F. 1. Hoy es el primero de marzo. 2. Hoy es el
quince de enero. 3. Hoy es el treinta de
noviembre. 4. Hoy es el veinte de junio.
5. Hoy es el catorce de diciembre. 6. Hoy es
el diez de agosto. 7. Hoy es el once de
febrero. 8. Hoy es el veinticinco de abril.

G. 1. el otoño 2. la primavera 3. el invierno
4. el verano

Lección 1

A. 1. tú 2. ella 3. usted 4. ellos 5. nosotros
6. nosotras 7. él 8. ustedes

B. 1. Nosotros conversamos con el profesor.
2. Ella estudia química. 3. Tú hablas español.
4. Ud. necesita los libros. 5. Yo tomo
matemáticas. 6. ¿Dónde trabaja él? 7. Tú y
yo terminamos a las dos. 8. Él y ella desean
un vaso de leche.

C. 1. Dónde 2. Cómo 3. Cuándo 4. Quién
5. Por qué 6. Cuántas 7. Cuál 8. Qué

D. 1. el 2. la 3. la 4. el 5. la 6. la 7. la
8. el 9. el 10. el 11. la 12. el 13. el
14. la 15. el

E. 1. Son las nueve y media de la mañana. 2. Es
la una y veinte de la tarde. 3. Son las ocho
menos cuarto de la noche. 4. Son las ocho y
diez de la mañana. 5. Son las tres y cuarto de
la tarde. 6. Son las once de la mañana.

F. 1. Adela trabaja en el laboratorio de lenguas.
2. ¿A qué hora es la clase de informática?
3. ¿Cuántas clases toman Uds. este semestre?

G. Crucigrama

Horizontal: 2. horario 4. termina
6. asignatura 8. noche 9. vaso
11. tarde 12. español 13. Dónde
14. matemáticas 15. inglés

Vertical: 1. conversar 3. laboratorio
5. biblioteca 7. taza 10. tomamos

Para leer: 1. No, estudian en San Diego,
California. 2. Roberto no trabaja este semestre.
3. Toma química, historia, inglés, biología,
sociología y literatura. 4. Ana toma tres clases.
5. Sí, trabaja con una computadora. 6. Roberto
toma literatura. 7. Conversan en la cafetería.
8. Roberto toma (una taza de) chocolate. 9. No

227

trabaja porque toma muchas asignaturas.
10. Toma solamente tres clases porque trabaja en el laboratorio de lenguas y en la biblioteca.

Lección 2

A. 1. _____ , _____ como   2. vivir, nosotros _____   3. _____ , _____ bebes
4. decidir, yo _____   5. _____ , _____ corren   6. escribir, tú _____   7. _____ , _____ debe   8. comer, nosotros _____
9. _____ , _____ vive   10. correr, tú _____   11. _____ , _____ decidimos

B. 1. ¿Uds. son de Puerto Rico, Roberto? No, somos cubanos.   2. ¿Es usted residente de California, señor Leyva? Sí, soy profesor de la universidad.   3. ¿Hoy es miércoles? No, hoy es jueves.   4. ¿Es usted de Miami, señor Serrano? No, yo soy de California. Ellos son de Miami.

C. 1. _____ ¿Habla portugués él? Él no habla portugués.   2. Eva es la cajera. ¿Es Eva la cajera? _____   3. Aceptan cheques. _____ No aceptan cheques.   4. Ana necesita el horario. ¿Necesita Ana el horario? _____
5. _____ ¿Es residente Tito? Tito no es residente.   6. _____ ¿Vive Luis allí? Luis no vive allí.   7. Pagamos hoy. _____ No pagamos hoy.   8. Nora es cubana. ¿Es cubana Nora? _____

D. 1. mis   2. su   3. Nuestra   4. mi   5. Su
6. nuestros   7. tu   8. de ellos (ellas)

E. 1. la novia de Alberto   2. el apartamento de María   3. la secretaria de la señora Vega

F. 1. Debo pagar cien dólares por cada unidad.
2. Ellos también viven en la residencia universitaria.   3. ¿Trabaja Rosa cerca de allí?
4. Hoy no es el último día para pagar la matrícula.

G. **Crucigrama**

Horizontal: 2. comen   3. residente
4. unidad   6. pero   8. mañana
10. cheque   11. norteamericano
13. conducir   15. muchos   17. matrícula
18. escribimos   19. identificación   21. cajero

Vertical: 1. portugués   2. cubana
5. italiano   7. recibo   9. aceptan
12. idioma   14. universitaria   16. francés
20. novio

Para leer: 1. Michelle es norteamericana.
2. Ella estudia en la universidad de Arizona.
3. Ella vive en la residencia universitaria.   4. Este

semestre toma francés, física, historia y química.
5. Michelle trabaja en la biblioteca.   6. Ella estudia con Pedro Morales.   7. Pedro no es norteamericano: es latinoamericano.   8. No, él vive en un apartamento cerca de la universidad.
9. Pedro habla tres idiomas: español, inglés y portugués.   10. Mañana comen juntos en la cafetería.

Lección 3

A. 1. Vengo a las ocho.   2. Tenemos cuatro hermanos.   3. Tengo que tomar una clase de física.   4. Venimos con nuestros padres.
5. Tiene veinte libros.

B. 1. Tengo (mucho) frío.   2. Tengo (mucho) sueño.   3. Tengo (mucha) prisa.   4. Tengo (mucho) calor.   5. Tengo (mucha) hambre.
6. Tengo (mucho) miedo.   7. Tengo (mucha) sed.

C. 1. Yo tengo tres hermanos y él tiene dos hermanas.   2. No llevan a Olga a la fiesta.
3. ¿Conoce Ud. a Teresa, señor Soto?
4. Nosotros no conocemos a David.   5. Tengo que llevar los libros a la biblioteca.

D. 1. del, de la, de las, del   2. a la, a los, al, a las
3. del, de la, de los, de las

E. 1. da   2. vamos   3. estoy / estás   4. están / está   5. vas / voy   6. doy   7. estamos / están
8. van / va

F. 1. conozco / sé   2. sabes   3. conocemos / sabemos   4. sabes   5. conoce   6. sabe

G. 1. Por la noche vamos a una discoteca.   2. Mi jefe da una fiesta y estamos invitados.
3. Planean varias actividades para el fin de semana.

H. **Crucigrama**

Horizontal: 1. actividades   4. hermana
5. queso   6. tío   7. padres   10. discoteca
13. patinar   14. piscina   15. planear
17. algo   18. nadamos   19. fruta   20. sed
22. aprendemos

Vertical: 2. concierto   3. pareja   6. teatro
8. semana   9. partido   11. invitada
12. sabe   15. perfecto   16. ganas
21. después

Para leer: 1. Tienen que ir a una fiesta.   2. El jefe de Rosaura da la fiesta.   3. Va a una discoteca.
4. Sí, tiene novia.   5. Es enorme.   6. Van al estadio.   7. Van a la iglesia.   8. Los padres de su esposo están invitados a comer.

Lección 4

A. 1. cubanos 2. rojo 3. norteamericano
4. azules 5. negra 6. norteamericanas
7. cubana 8. blancas 9. alto
10. simpáticas

B. 1. Ellos van a bailar en la fiesta. 2. Nosotros
vamos a llamar por teléfono a Jorge. 3. ¿Uds.
van a comer en la cafetería? 4. Yo voy a
hablar con los estudiantes. 5. Tú vas a
escribir en la pizarra. 6. Roberto va a beber
café.

C. 1. _____ queremos tomar cerveza.
2. _____ empiezan a las ocho.
3. _____ prefiere los restaurantes italianos.
4. ¿_____ piensan ir a la fiesta?
5. _____ comienzas a las nueve.
6. _____ quieren comer ensalada.
7. _____ no pensamos llamar a Gonzalo.
8. ¿_____ prefieren vino o cerveza?

D. 1. Luis es más bajo que Raúl y Paco. / Paco es
más alto que Raúl y Luis. / Paco es el más alto
de los tres. / Luis es el más bajo de los tres.
2. Ana es menor que Eva. / Dora es mayor que
Eva. / Ana es la menor de las tres. / Dora es la
mayor de las tres. / Eva es tan alta como Dora.
3. El coche de Elsa es mejor que el coche de
Tito. / El coche de Olga es peor que el coche de
Tito. / El coche de Elsa es el mejor de todos. / El
coche de Olga es el peor de todos.

E. 1. trescientos cinco 2. quinientos ochenta
3. nueve mil setecientos sesenta y seis
4. seiscientos noventa y cinco 5. tres mil
ochocientos trece 6. mil cuatrocientos veinte
7. ocho mil novecientos setenta y ocho
8. trece mil doscientos quince

F. 1. Irene es una chica de ojos azules y pelo
castaño (pelo castaño y ojos azules). 2. Ellos
piensan ir a la fiesta de bienvenida que da Luis.
(Luis da la fiesta de bienvenida a la que
piensan ir ellos.) 3. Yo tengo que llamar a su
hija por teléfono (por teléfono a su hija).

G. Crucigrama

Horizontal: 3. muchacha 4. cintas 6. ojos
7. mejor 9. bailamos 12. comer
14. empieza 15. próximo 18. tocadiscos
21. invitación 22. teléfono 24. pelo
25. compacto

Vertical: 1. estatura 2. guapo 5. morena
7. mayor 8. ensalada 10. llamar
11. compañera 13. bienvenida
16. inteligente 17. magnífico 19. simpático
20. bajo 23. mientras

Para leer: 1. Tú eres de San José, Costa Rica.
2. Estela Ruiz es tu novia. 3. Estela y tú viven en
San José. 4. Uds. piensan dar una fiesta de
bienvenida para Irma. 5. Irma llega el próximo
sábado. 6. Irma llega de México. 7. Es morena,
de ojos verdes, delgada y no muy alta. No es
bonita. Es muy inteligente y muy simpática.
8. Tú quieres invitar a treinta o cuarenta personas.
9. Tu novia prefiere invitar a un grupo pequeño.
10. Finalmente Estela y tú deciden invitar a diez
chicas y a once chicos.

Lección 5

A. 1. —¿A qué hora vuelven (ellos) a casa? —(Él)
dice que (ellos) vuelven a las siete y media.
2. —¿Cuánto cuestan las tarjetas postales?
—No recuerdo. 3. —¿Puedo sacar el dinero
de mi cuenta de ahorros? —Sí, en cualquier
momento. 4. —¿Qué sirven (Uds.) por la
mañana? —Servimos café.

B. 1. ¿Qué estás buscando? 2. Los chicos están
durmiendo. 3. Ellos están sacando el dinero.
4. Teresa está haciendo diligencias. 5. ¿Qué
están diciendo ustedes? 6. Nosotros no
estamos pidiendo dinero. 7. Yo estoy
leyendo una tarjeta postal. 8. ¿Ud. está
escribiendo cartas?

C. 1. es / está 2. es / Es 3. están / son
4. están 5. está 6. es / Son 7. es 8. está
9. es / Es 10. son 11. es 12. estás

D. 1. esta / estas / estos / este 2. ese / esos / esa /
esas 3. aquella / aquel / aquellas / aquellos

E. 1. Hace tres años que yo estudio español.
2. ¿Cuánto tiempo hace que tú no comes torta?
3. Hace dos horas que nosotros estamos en el
banco. 4. Hace veinte minutos que ellos
hablan con el empleado. 5. Hace dos
semanas que ella no viene a clase.

F. 1. Voy a depositar mil dólares en mi cuenta
corriente. 2. ¿Cuánto cuesta mandar una
tarjeta postal a Venezuela? 3. Puedo sacar mi
dinero en cualquier momento.

G. Crucigrama

Horizontal: 2. dinero 6. talonario
7. encuentra 8. gente 9. oficina 10. abren
11. ventanilla 13. préstamo 16. manda
17. ahora 18. dormir 19. diligencias
21. aérea

Vertical: 1. giro 3. estampilla 4. tarjeta
5. pedir 12. empleado 14. ahorros
15. cualquier 20. importa

Para leer: 1. Está en Asunción. 2. Abre a las nueve, cierra a las tres. 3. No, no puede (sacar su dinero), porque el banco no abre los sábados. 4. Paga un interés del ocho por ciento. 5. No, no va a perder el interés. 6. Sí, es una buena idea, porque paga un buen interés. 7. Sí, paga el cinco por ciento. 8. Debe depositar un mínimo de quinientos mil guaraníes.

Lección 6

A. fuimos / dio / atendió / compró / compré / pagué / pagó / fue / volvió

B. 1. mí / ti / usted / nosotros / ellos 2. mí / nosotros / ustedes / ti / él 3. -migo / ellas / -tigo / nosotras / ella

C. 1. te llamo 2. lo compro 3. la llevamos 4. los (las) necesitamos 5. me atiende 6. las leo 7. nos esperan 8. van, -me / me van

D. 1. ¿Necesita (Ud.) las revistas, señor? No, no las necesito. 2. ¿Tú conoces (Conoce Ud.) a Paco, su peluquero (el peluquero de ella)? Sí, lo conozco. Voy a llamarlo (Lo voy a llamar) mañana. 3. ¿Quién te va a afeitar (va a afeitarte), Tito? El barbero siempre me afeita. 4. ¿Ella los lleva (a ustedes) a la barbería? Sí, (ella) nos lleva.

E. 1. Siempre van. (Van siempre). 2. Yo lo quiero también. 3. Quiero té o (y) café. 4. Hay alguien aquí. 5. Tenemos algún (algunos) amigo(s) venezolano(s).

F. 1. Él va a la barbería y ella va a la peluquería. (Ella va a la peluquería y él va a la barbería.) 2. Voy a leer esta revista mientras espero. 3. Puede cortarlo solamente acá arriba y a los costados.

G. **Crucigrama**

Horizontal: 4. secador 5. Siéntese 7. esperas 9. barato 11. peinado 15. salió 17. peluquería 19. turno 20. vender 21. costado 23. ayer

Vertical: 1. largo 2. revista 3. barbero 6. peluquera 8. solamente 10. arriba 12. izquierda 13. rizador 14. seguida 16. viene 17. permanente 18. atienden 22. debajo

Para leer: 1. Sí, ella es una persona muy organizada, porque todos los días escribe una lista de lo que tiene que hacer. 2. No, va a ir a la peluquería mañana. 3. Pide turno para lavado y peinado. 4. Necesita comprar rizadores y champú. 5. Sí, creo que la señora Carreras tiene el pelo lacio porque (necesita) va a comprar rizadores y quiere una permanente. 6. Sí, creo que Carlitos tiene el pelo largo, porque necesita un corte. 7. Las revistas son para la mamá de la señora Carreras. 8. Sí, tiene que ir al correo porque tiene que enviar un giro postal y tarjetas postales. 9. Tiene que ir al banco. 10. Va a comprar la torta para la fiesta de mañana.

Lección 7

A. 1. _____ : traduje, tradujiste, _____ , tradujimos, tradujeron 2. _____ : traje, trajo, trajimos, trajeron 3. tener: _____ , tuviste, tuvo, tuvimos, _____ 4. poner: puse, pusiste, _____ , pusimos, _____ 5. _____ : supe, _____ , supo, supimos, supieron 6. hacer: _____ , hiciste, hizo, _____ , hicieron 7. querer: quise, quisiste, _____ , quisimos, _____ 8. conducir: conduje, _____ , condujo, _____ , condujeron 9. _____ : estuve, estuviste, _____ , estuvimos, estuvieron 10. decir: _____ , dijiste, dijo, _____ , dijeron 11. poder: _____ , _____ pudo, pudimos, pudieron 12. venir: vine, viniste, _____ , vinimos, _____

B. 1. pude / tuve 2. trajeron / pusieron 3. viniste / dijiste 4. hizo 5. estuvo / quiso

C. 1. me dice / decirme 2. le compré 3. le escribimos 4. nos hablan 5. darle 6. te digo 7. hablándoles 8. no le dieron 9. pagarle 10. les traigo

D. 3. _____ gusta la blusa. 4. _____ gustan _____ . 5. Le gusta el vestido. 6. _____ gusta el dependiente (la dependienta). 7. _____ _____ la tienda. 8. Les gusta trabajar y estudiar. 9. Me gusta esta camisa. 10. Le gusta ir de compras. 11. Nos gustan esas sandalias.

E. 1. probarme 2. se baña 3. nos levantamos 4. vestirte 5. se afeitan 6. se sientan 7. se acostó 8. se puso

F. 1. Estos zapatos me aprietan un poco. 2. Compro mis camisas en el departamento de caballeros. 3. Me gustan las sandalias pero no me gusta el vestido. (Me gusta el vestido pero no me gustan las sandalias.)

G. **Crucigrama**

Horizontal: 3. aprietan 6. calza 7. probador 9. zapatería 11. levanto 14. caballeros 15. tamaño 18. queda 19. gustan 20. par

Vertical: 1. blusa 2. visto 4. cartera
5. vamos 6. corbata 8. liquidación
10. abrigo 12. estrechos 13. te 16. misma
17. dependienta

Para leer: 1. Piensa levantarse temprano. 2. Va a bañarse, afeitarse y vestirse. 3. Quiere salir temprano para ir de compras. 4. No, no va a desayunar en su casa. 5. Quiere estar en la tienda a las ocho. 6. Quiere ir a la tienda La Época porque tienen una gran liquidación. 7. Va a comprar un traje, dos camisas, un pantalón y dos o tres corbatas. 8. Tiene que ir al departamento de señoras. 9. Quiere comprarle una blusa y una falda. 10. Nunca le gusta nada.

Lección 8

A. 2. _____ me lo das. 3. Yo _____ lo doy.
4. Nosotros se lo _____ . 5. Ellos nos lo dan.
6. Yo se lo doy. 7. _____ se lo das.

B. 1. Mamá nos las compra. 2. Mamá te lo compra. 3. Mamá se la compra. 4. Mamá me los compra. 5. Mamá se lo compra.
6. Mamá se las compra.

C. 1. Sí, te lo traje. 2. Sí, nos los sirvieron.
3. Sí, se lo di. 4. Sí, me la compraron. 5. Sí, me la pidieron. 6. Sí, se las vendieron. 7. Sí, te la limpié. 8. Sí, nos la trajeron.

D. 1. Él sirvió pescado. 2. Pidieron café.
3. ¿Consiguió Ud. el pescado? 4. Se durmió después de comer. 5. Murió ayer. 6. Sintió frío. 7. Siguieron hablando. 8. Rafael se divirtió mucho.

E. 1. era / vivía / iba 2. hablaban / sabían (querían) 3. Eran 4. quería 5. veíamos / jugábamos (hablábamos)

F. 1. (Nosotros) Íbamos a la panadería frecuentemente. 2. (Nosotros) Raramente comemos pescado. 3. (Él) Generalmente usa detergente para limpiar el piso. 4. Lo vi recientemente. 5. (Él) Habló lenta y claramente.

G. 1. Ayer ellos fueron a un mercado al aire libre. 2. Para comprar pan tenemos que ir a la panadería. (Tenemos que ir a la panadería para comprar pan.) 3. ¿Por qué no me lo dijiste la semana pasada?

H. Crucigrama

Horizontal: 2. cereal 6. carnicería 7. papa
9. mantequilla 11. gastaba 12. farmacia
14. huevos 18. detergente 19. azúcar
21. docena 22. tiempo

Vertical: 1. jabón 2. cebolla 3. comida
4. panadería 5. lechuga 8. zanahoria
10. libre 13. anoche 15. vegetales
16. semana 17. durazno 20. pastel

Para leer: 1. Invitó a comer a unos amigos.
2. Por la mañana fue al mercado. 3. La cena estuvo magnífica. 4. Sí, costó mucho dinero preparar la cena. 5. Para hacer la torta usó harina, leche, huevos, chocolate, mantequilla y azúcar. 6. Preparó una ensalada de frutas.
7. Le puso naranjas, uvas, peras, bananas y otras frutas. 8. Sí, puedo decirles dos ingredientes de la paella: carne y pescado. 9. Sabemos que la paella estuvo buena porque les gustó mucho a sus invitados. 10. Los amigos de Antonio trajeron el vino. 11. Fueron a ver un partido de básquetbol.

Lección 9

A. 1. (a) celebraron 2. (f, d) éramos / íbamos
3. (f) Eran 4. (a) fui / comí 5. (a, e) tomó / tenía 6. (g) querías 7. (c, a) iba / vi 8. (c) almorzaba

B. 1. Cuando ella era pequeña (chica), vivía en Lima. Sí, y sus padres le hablaban en español.
2. ¿Qué hora era cuando (ellos) llegaron a casa anoche? Eran las once y media. 3. (Tú) No comiste mucho anoche, Anita. No tenía mucha hambre. 4. ¿Qué le dijo su amiga, señorita Vega? Me dijo que este restaurante no era muy bueno.

C. 1. Hace cuatro días que llegué a Lima.
2. Hace cuatro meses que compraron el restaurante. 3. Hace siete años que vendieron la casa. 4. Hace doce horas que me levanté. 5. Hace una hora y media que tomé el desayuno.

D. 1. ¿Ésta es la camisa de tu hermano o es (la) tuya, Pepe? No es (la) mía; es (la) suya (de él). 2. Su casa (La casa de ella) es mejor que la nuestra. Sí, pero la suya (la de ella) es más cara. 3. Mis padres viven en Lima. Los míos viven en Buenos Aires. 4. ¿Este abrigo es suyo, señor Torales? Sí, es mío.

E. 1. ¿Qué tiempo hace en Oregón? Hace mucho frío y llueve. Pero a mí me gusta la lluvia.
2. Siempre hace sol en Arizona. Sí, pero hace mucho calor en el verano. 3. ¿Hace viento hoy? Sí, va a necesitar un abrigo, señorita Martínez.

F. 1. Yo sólo quiero café con leche y pan tostado con mermelada. 2. Por la tarde, Víctor llamó por teléfono desde el hotel. 3. Yo no veía mucho a la mía porque vivía en el campo.

G. Crucigrama

Horizontal: 2. camarero 4. bistec
6. tostada 7. cenar 9. recomiendo
13. desayunar 15. propina 16. luego
19. vacaciones 20. chico 21. langosta
22. cuenta

Vertical: 1. aniversario 3. almorzar
5. pedido 8. postre 10. papas 11. campo
12. horno 14. riquísimo 17. cordero
18. mermelada 20. chorizo

Para leer: 1. Lima es la capital de Perú. 2. En Perú es verano en enero. 3. Van a alquilar una casa. 4. Dijo que iba a mandarle un cheque a Silvia. 5. Van a poder estar en Cuzco por dos o tres días. 6. No, Silvia no está a dieta, porque fue a un restaurante y comió mucho. 7. No, no volvieron temprano al hotel. 8. Silvia no sabe si nieva mucho en Denver. 9. Amanda debe tomar el próximo avión a Lima. 10. Silvia les manda saludos a los padres de Amanda.

Lección 10

A. 1. vendado 2. hablar 3. hecho 4. recibir
5. escrito 6. comer 7. muerto 8. decir
9. abierto 10. romper

B. 1. pagado 2. roto 3. escritas 4. vendada
5. hechas 6. enyesada

C. 1. ¿Ha visto Ud. al doctor, Sr. Soto? 2. (Ellos) Lo han llevado en una ambulancia. 3. ¿Le ha puesto (él) una inyección (a ella)? 4. Le he dicho al Dr. García que es una emergencia.
5. ¿Qué ha pasado? 6. Nunca hemos estado en una sala de emergencia. (No hemos estada nunca en una sala de emergencia.) 7. ¿Te has roto (Se ha roto Ud.) la pierna? ¿Cómo? 8. Mi hijo se ha torcido el tobillo.

D. 1. había tenido 2. habían traído 3. había dicho 4. habíamos dado 5. había puesto
6. habían vuelto 7. había torcido 8. habías usado

E. 1. _____ , _____ 2. deje, dejen
3. _____ , _____ 4. beba, beban
5. _____ , _____ 6. abra, abran
7. _____ , _____ 8. ponga, pongan
9. _____ , _____ 10. atienda, atiendan
11. _____ , _____ 12. vuelva, vuelvan
13. _____ , _____ 14. sirva, sirvan
15. _____ , vayan 16. sea, _____
17. _____ , estén

F. 1. Llámenme mañana, señoras. 2. Me duele mucho la herida del brazo. Véndela, por favor.
3. No nos espere, señor Vega. 4. No quiero

ver las radiografías. No las traiga ahora.
5. Necesitamos la medicina. Póngala aquí, por favor.

G. 1. Yo había parado y un autobús chocó con mi coche. 2. Creo que me he torcido el tobillo.
3. Lo llevaron a la sala de rayos X para hacerle una radiografía.

H. Crucigrama

Horizontal: 3. parezco 6. ambulancia
8. enyesar 9. autobús 10. roto
12. fractura 15. brazo 17. inyección
21. emergencia

Vertical: 1. caminar 2. desmayarse
4. parado 5. muletas 7. vendar
8. escalera 11. rayos 13. tobillo
14. radiografía 16. automóvil 18. espalda
19. pierna 20. herida

Para leer: 1. Isabel le escribe a Marta. 2. No va a poder ir a la playa porque ayer tuvo un accidente. 3. Isabel se cayó en la escalera. 4. Se fracturó una pierna. 5. Isabel pensaba que sólo tenía torcido el tobillo. 6. La llevaron a la sala de rayos X. 7. Supo que tenía la pierna rota. 8. Va a tener que usar muletas. 9. Va a tener que usarlas por tres semanas. 10. Isabel espera ver a Marta pronto.

Lección 11

A. 2. espere, esperes, espere, esperemos, esperen 4. beba, bebas, beba, bebamos, beban
6. reciba, recibas, reciba, recibamos, reciban
7. _____ , hagas, haga, hagamos, hagan
8. diga, _____ , diga, digamos, digan
9. cierre, cierres, _____ , cerremos, cierren
10. vuelva, vuelvas, vuelva, _____ , vuelvan
11. sugiera, sugieras, sugiera, sugiramos, _____ 12. duerma, duermas, duerma, _____ , duerman 13. sienta, sientas, sienta, sintamos, _____ 14. _____ , comiences, comience, comencemos, comiencen
15. empiece, empieces, empiece, empecemos, empiecen 16. dé, _____ , dé, demos, den
17. esté, estés, _____ , estemos, estén
18. vaya, vayas, vaya, _____ , vayan 19. sea, seas, sea, seamos, _____ 20. _____ , sepas, sepa, sepamos, sepan

B. 2. Yo quiero que (tú) aprendas. 3. (Tú) quieres que él salga. 4. Ella quiere que nosotros (bebamos). 5. Nosotros queremos que (ella) venga. 6. (Uds.) quieren que ellos lean. 7. Ellos quieren que (Uds.) se mejoren.
8. (Uds.) quieren que nosotros estudiemos.
9. Ellos quieren que nosotros (escribamos).

232

10. (Él) quiere que nosotros durmamos.
11. Yo quiero que (tú) esperes.   12. Ellas quieren que (Uds.) comiencen (empiecen).
13. Ella quiere que él trabaje.   14. Nosotros queremos que ellas (se) vayan.

C. 1. No quieren que nosotros le pongamos gotas.   2. Deseamos que ellos vayan a la sala de emergencia.   3. Dígale a él que pida la receta.   4. Te sugiero que traigas el jarabe.
5. Él quiere que ella sea su médico.   6. ¿Tú quieres que yo compre las pastillas?   7. Yo le aconsejo a Ud. que tome penicilina.   8. Papá sugiere que Uds. estén en el consultorio a las cinco.

D. 1. Temo que tenga pulmonía.   2. Me alegro de que ellos no sean alérgicos a la penicilina.
3. Siento que tú tengas una infección en el oído.   4. Temo que tengamos que recetarles penicilina.   5. Espero que Elsa se sienta bien.
6. Esperan que María y yo podamos ir pronto.
7. Me alegro de que Ud. no tenga gripe.   8. Él espera que el doctor lo examine.   9. Temo que ellos no vuelvan pronto.   10. Esperan que yo les traiga las curitas.

E. 1. Eran las tres de la madrugada cuando por fin pude dormirme.   2. Voy a recetarle penicilina para la infección en la garganta.
3. ¿Tengo que tomar las pastillas antes o después de las comidas?

F. **Crucigrama**

Horizontal: 2. algodón   7. examinó
9. alérgica 10. enfermo 11. durmió
13. consultorio 16. resfrío 18. receta
19. penicilina

Vertical: 1. sugerir 3. nariz 4. comidas
5. dolor 6. temperatura 8. farmacéutico
12. fiebre 14. jarabe 15. mejore
17. sintieron

Para leer: 1. Rosaura se sintió muy mal toda la noche.   2. Le dolían la cabeza y los oídos.
3. Tomó dos aspirinas.   4. Porque todavía tiene fiebre.   5. Le dijo que tenía una infección en los oídos.   6. Porque tenía una infección.   7. No es alérgica a ninguna medicina.   8. Le recetó penicilina para la infección. Para el dolor de oídos le recetó unas gotas.   9. Eran más de las seis.
10. Las farmacias se cierran a las seis.

Lección 12

A. 1. para (h) 2. por (d) 3. por (a) 4. por (c)
5. para (g) 6. para (i) 7. para (h) 8. por
(e) 9. por (b)

B. 1. —Pagué cincuenta dólares por estas maletas. —¿Son para su (tu) hija? —Sí, las necesita para el domingo.   2. —(Nosotros) salimos para Arizona mañana. —¿Van por avión? —No, por ómnibus (autobús).
3. —¿Su (Tu) hijo se quedó en México por un año? —Sí, (él) fue allá para estudiar español.

C. *Answers will vary. Likely responses:*
1. Vamos a un restaurante donde sirven comida mexicana.   2. ¿Hay algún restaurante donde sirvan comida mexicana?   3. Tengo una empleada que habla inglés. Necesito un empleado que hable inglés.   4. Tengo una amiga que es de Cuba.   5. No conozco a nadie que sea de Chile.

D. 1. viaja / no viajes   2. come / no comas
3. escribe / no escribas   4. hazlo / no lo hagas
5. ven / no vengas   6. báñate / no te bañes
7. vístete / no te vistas   8. duérmete / no te duermas   9. ponlo / no lo pongas   10. ve / no vayas   11. sé / no seas   12. dámelas / no me las des   13. levántate / no te levantes   14. ten / no tengas   15. sal / no salgas   16. díselo
17. no se lo digas

E. Ve / tráeme / Pregunta / Ven / llama / Dile / le digas / haz / Ponle / le pongas

F. 1. a / a / a / a / a / en / a / de   2. a / de / de / de
3. en / de

G. 1. ¿Quieres que yo le pida los billetes al agente de la aerolínea?   2. Los pasajeros del vuelo 824 deben subir al avión ahora.   3. Dudo que ellos vayan en ese vuelo porque tienen que trasbordar.

H. **Crucigrama**

Horizontal: 4. pasillo   7. pasaporte
8. semana 9. buen 10. agencia
11. aeropuerto 13. incluye 14. vuelta
16. acompañada 20. salida 21. irnos
22. asiento

Vertical: 1. muestra 2. viaje
3. comprobantes 5. llamada 6. visa
8. subir 10. aerolíneas 12. pasaje
15. escala 17. pasajero 18. dentro
19. exceso

Para leer: 1. Son las más completas y baratas.
2. Nadie da mejores precios que Ameritur.   3. El pasaje en avión, el hotel y la transportación en España están incluidos en el precio de la excursión.
4. No, tiene varios tipos de excursiones: en primera clase y en clase turista.   5. Es más barato viajar entre semana.   6. Recibo un descuento de un cinco por ciento.   7. Ud. va a visitar Granada,

Sevilla, Córdoba y la playa de Marbella.   8. Puede pedir informes a su agencia de viajes.   9. Debe llamar al teléfono 976-5409.

Lección 13

A.   1. No es verdad que deba desocupar el cuarto a las doce.   2. Creemos que ése es el precio. 3. No es cierto que el cuarto tenga aire acondicionado.   4. No creo que el baño tenga ducha y bañadera.   5. Es verdad que el hotel tiene servicio de habitación.   6. Es cierto que él está muerto.   7. No estoy seguro de que sirvan el desayuno en el cuarto.   8. Dudo que el precio incluya desayuno, almuerzo y cena.

B.   1. Esta noche, cuando venga el dueño, me va a dar la llave.   2. Lo vamos a esperar hasta que llegue.   3. Mañana ella me va a servir el desayuno en cuanto llegue.   4. La semana próxima, Roberto va a comprar los libros tan pronto como reciba el dinero.   5. Esta noche ella me va a hablar en cuanto me vea. 6. Mañana Teresa se va a ir a su casa en cuanto termine.

C.   1. quieras / prefiera / deseen   2. llegue / vengan / salgas   3. pueda / los leamos / los tenga

D.   1. Quedémonos por dos semanas. 2. Hospedémonos en el Hilton.   3. Hablemos con el dueño.   4. Comamos en el cuarto. 5. Pidámosela al gerente.   6. Dejémoslas en la caja de seguridad.   7. Acostémonos temprano.   8. Levantémonos tarde.

E.   1. Queremos comer pero dudo que sirvan comida a esta hora.   2. El gerente llama al botones para que lleve las maletas al cuarto. 3. Comamos algo antes de subir a la habitación.

F.   Crucigrama

Horizontal: 2. comedor   4. televisor 5. desayuno   8. bañadera   10. matrimonial 11. dueña   12. botones   13. acondicionado 15. habitación   16. pronto   17. precio 18. dudar   19. vista

Vertical: 1. seguridad   3. pensión   6. llave 7. calefacción   9. almuerzo   14. desocupar 15. hospedarse

Para leer: 1. Creo que está en la playa porque todas las habitaciones tienen vista al mar.   2. No va a tener calor porque todas las habitaciones tienen aire acondicionado.   3. Cobran 3.200 pesos por dos personas.   4. Debe pagar dos mil pesos por los niños.   5. En total van a pagar 5.200 pesos. 6. Sí, en el hotel Fiesta sirven comida mexicana.

7. Sí, sirven comida internacional.   8. La pensión Rivas es más barata que el hotel Fiesta.   9. Una persona paga tres mil pesos.   10. No tiene que pagar nada extra porque el precio incluye las comidas.

Lección 14

A.   1. ayudaré, ayudarás, ayudará, ayudaremos, ayudarán   2. _____ , dirás, dirá, diremos, dirán   3. haré, _____ , hará, haremos, harán 4. querré, querrás, _____ , querremos, querrán   5. sabré, sabrás, sabrá, _____ , sabrán   6. podré, podrás, podrá, podremos, _____   7. _____ , saldrás, saldrá, saldremos, saldrán   8. pondré, _____ , pondrá, pondremos, pondrán   9. vendré, vendrás, _____ , vendremos, vendrán 10. tendré, tendrás, tendrá _____ , tendrán 11. iré, irás, irá, iremos, _____

B.   1. Podrán cortar el césped mañana.   2. La criada barrerá la cocina ahora.   3. Llevaré a arreglar el coche este fin de semana. 4. Haremos una ensalada para el almuerzo. 5. Pondremos las flores en el florero.   6. Las chicas vendrán con Ernesto.   7. Carlos saldrá a las nueve.   8. Lo sabrás (Lo sabrá Ud.) mañana.   9. No se lo diremos a nadie. 10. Iré a la playa el domingo.

C.   1. lavaría   2. ayudaría   3. pondrías 4. iríamos   5. pasaría   6. Podrían 7. sacarías   8. nos daríamos   9. abriría 10. sabrían

D.   1. se enamoró de / se casó con   2. insisten en / se dan cuenta de   3. comprometerte con / alegrarse de   4. acordarte de   5. Me olvidé de

E.   1. Mis padres vendrán a pasar este fin de semana conmigo.   2. Ayer me di cuenta de que los frenos no funcionaban.   3. Yo lo mandaría a la tintorería para limpiarlo en seco.

F.   Crucigrama

Horizontal: 2. planchar   5. recogedor 6. fundas   8. refrigerador   10. darme 12. fregadero   15. funcionan   16. tintorería 18. basura   19. garaje   20. libre

Vertical: 1. alcachofas   2. perro 3. mecánica   4. florero   7. ayudar 9. aspiradora   11. tocan   13. vinagre 14. horno   16. toalla   17. acordarse

Para leer: 1. No, no podrá verla, porque la Sra. Campos no vendrá hasta las cinco de la tarde. 2. Los fregará.   3. Sí, María trabajará en la cocina. 4. No, María no tendrá que lavarlo.   5. No, no las limpiarán en seco.   6. No las planchará.   7. Los niños estarán en su casa.   8. Sí, a la Sra. Campos le gusta ponerle sal y pimienta a la comida; quiere que María las ponga en la mesa.   9. No, María irá también al mercado.   10. Comprará pescado y vegetales.

Lección 15

A. 2. _____ , cerraras, cerrara, cerráramos, cerraran   3. volviera, volvieras, _____ , volviéramos, _____   4. pidiera, _____ , pidiera, pidiéramos, _____   5. durmiera, durmieras, durmiera, _____ , durmieran   6. fuera, fueras, _____ , fuéramos, _____   7. diera, dieras, diera, _____ , dieran   8. estuviera, estuvieras, _____ , estuviéramos, estuvieran   9. dijera, _____ , dijera, dijéramos, _____   10. viniera, vinieras, _____ , _____ , vinieran   11. quisiera, quisieras, _____ , quisiéramos, quisieran   12. _____ , fueras, fuera, fuéramos, _____   13. tuviera, _____ , tuviera, tuviéramos, tuvieran   14. condujera, condujeras, _____ , condujéramos, _____   15. pusiera, _____ , pusiera, _____ , pusieran   16. hiciera, hicieras, hiciera, hiciéramos, _____   17. supiera, _____ , supiera, supiéramos, supieran

B. 1. Quería que fueras al mercado y compraras pan.   2. Me pidió que viniera y escribiera las cartas.   3. Nos aconsejó que tomáramos clases por la mañana y trabajáramos por la tarde.   4. Te sugerí que hicieras una ensalada.   5. Les dije que volvieran temprano.   6. Me gustaría que me hablaran en español.   7. No había nadie que lo supiera.   8. ¿Había alguien que pudiera ir con ustedes?   9. Yo no creía que Ana estuviera comprometida.   10. Yo dudaba que ellos fueran estudiantes.   11. Yo me alegré de que ella quisiera ir a México.   12. Temía que no pusieran el dinero en el banco.

C. 1. Si yo fuera David, escogería (elegiría) los muebles.   2. Si tengo tiempo, voy a visitar a mi padrino.   3. Yo compraría las cortinas si las trajeran a la casa.   4. Ella habla como si lo supiera todo.   5. Si tengo dinero, compraré dos mesitas de noche.   6. Si ellos (ellas) estuvieran aquí, (nosotros) podríamos terminar el trabajo.   7. Si pudiera conseguir (obtener) el trabajo, alquilaría un apartamento. 8. Antonio gasta dinero como si fuera rico. 9. Si ustedes pintaran el apartamento, no les cobrarían el depósito de limpieza.   10. Si ellos se casan en junio, pueden ir a Mallorca de luna de miel.

D. 1. Ahora están preparando las invitaciones para la boda.   2. Mis padres me dijeron que eligiéramos los muebles para el dormitorio. 3. No tenemos que conducir mucho porque estamos cerca del centro.

E. **Crucigrama**

Horizontal: 2. estupendo   4. invitar 5. preocuparse   7. catalana   8. serio 10. muebles   12. clasificados   15. parientes 16. piso   17. noche   18. regalos   19. sala 21. ventaja   22. ojo   23. cariño

Vertical: 1. comprometidos   3. estacionamos 6. mismo   9. luna   11. elegimos 12. cortinas   13. subterráneo   14. encanta 20. alquila

Para leer: 1. La fecha de la boda es el 15 de junio. 2. Le encantaría que ella y Estela pudieran conversar.   3. Mandaron todas las invitaciones el mes pasado.   4. Esperaban que pudiera venir a la boda.   5. Les regalaron los muebles para el comedor.   6. Van a vivir en el piso de los abuelos de Marité.   7. Van a vivir allí hasta que los abuelos de Marité vuelvan de su viaje por Europa. 8. Si tuvieran más dinero, comprarían una casa. 9. Van a alquilar un piso en el centro.   10. Si él tiene vacaciones en septiembre, irán a ver a Estela.

Answer Keys
Answers to Laboratory Manual Dictations

Primer paso

A. 1. Buenas noches, José Luis.   2. Mañana es el primer día de clase.   3. Hay ocho libros. 4. Hasta luego, profesora.

Segundo paso

A. 1. 81   2. 14   3. 100   4. 97   5. 26   6. 18 7. 75   8. 15   9. 32   10. 69   11. 48   12. 11 13. 53   14. 13   15. 17

B. 1. ¿Cómo se llama Ud.?   2. El gusto es mío. 3. ¿Qué fecha es hoy?   4. Hoy es el quince de septiembre.

Lección 1

1. ¿Qué asignaturas toman ustedes?   2. Ana estudia en la biblioteca.   3. Nosotros trabajamos en el laboratorio de lenguas. 4. Necesito el horario de clases.   5. ¿A qué hora terminas hoy?

Lección 2

1. Yo vivo en la residencia universitaria.
2. ¿Cuánto debo pagar por cada unidad?
3. Corremos a las seis, como siempre.   4. La licencia para conducir es suficiente.   5. Hoy es el último día para pagar la matrícula.

Lección 3

1. Esta noche estamos invitados a ir al teatro.
2. Hoy ella va al cine con su novio.   3. Vamos a la piscina y después vamos al concierto.
4. Planean varias actividades para el fin de semana.   5. Tengo ganas de ver el juego de béisbol.

Lección 4

A. 1. 589   2. 322   3. 1.000   4. 796   5. 215   6. 937   7. 438   8. 143   9. 650   10. 4.112   11. 7.967   12. 13.871

B. 1. Luis da una fiesta de bienvenida.   2. ¿Tú vas a llevar tus cintas?   3. Elsa tiene pelo negro y ojos castaños.   4. Es muy inteligente y simpática.   5. Prefiero cerveza o vino blanco.

Lección 5

1. Quiero mandar las cartas por vía aérea.
2. ¿Cuánto cuesta enviar un giro postal a México?   3. Está comprando estampillas y pidiendo información.   4. Alicia no encuentra el talonario de cheques.   5. Necesito estampillas para tres tarjetas postales.

Lección 6

1. Ahora voy a ponerla debajo del secador.
2. Nora pagó y salió de la peluquería.   3. Yo siempre lo rizo con un rizador.   4. ¿Quiere la raya a la derecha o a la izquierda?   5. Quiero turno para mí y para mi hijo para el mes que viene.

Lección 7

1. La tienda tiene una gran liquidación hoy.
2. Necesito ropa interior y pantimedias.
3. Los zapatos me aprietan un poco, pero me gustan mucho.   4. Voy a probarme este vestido y esta falda.   5. Le damos un veinte por ciento de descuento.

Lección 8

1. Necesitamos mantequilla y azúcar.
2. Compramos lejía, detergente y jabón.

3. Tenemos que ir a la carnicería y a la pescadería.   4. Tuve que comprar zanahorias y cebollas.   5. La semana pasada gastamos mucho dinero.

Lección 9

1. Después de cenar, siguieron hablando un rato.   2. Ahora están en el café de un hotel internacional.   3. ¿Por qué no comes huevos con tocino o chorizo y panqueques?   4. Yo no veía mucho a la mía porque vivía en el campo.
5. Víctor pidió la cuenta, la pagó y le dejó una buena propina al mozo.

Lección 10

1. Él se cayó en la escalera de su casa.   2. La llevaron en una ambulancia.   3. Ella se ha torcido el tobillo.   4. Me duele la herida del brazo.   5. Vamos a tener que enyesarle la pierna.

Lección 11

1. Alicia se divirtió mucho ayer.   2. El farmacéutico le dio penicilina para la fiebre.
3. Elsa no está embarazada.   4. Hay una farmacia en la esquina.   5. Ella no se durmió hasta las dos de la madrugada.

Lección 12

1. Espero no tener que pagar exceso de equipaje.   2. En ese vuelo no tiene que trasbordar.   3. Quiero que me reserve un asiento en la sección de no fumar.   4. Le sugiero que vaya en ese vuelo.   5. No hay nadie que pueda irse de vacaciones ahora.

Lección 13

1. Primero dejemos tus joyas en la caja de seguridad del hotel.   2. Como no tienen reservación, hablan con el gerente para pedir una habitación.   3. Vamos a un restaurante y comamos algo antes de subir a la habitación.
4. Cuando vayamos a Mar del Plata, tratemos de encontrar otra pensión como ésta.
5. Queremos una habitación con baño privado, aire acondicionado y una cama doble.

Lección 14

1. Dame tu pantalón gris para mandarlo a la tintorería.   2. Corté el césped y limpié el refrigerador.   3. No laves ahora las toallas ni las sábanas.   4. Fíjate si tenemos bróculi y alcachofas.   5. Dame la escoba y el recogedor para limpiar el garaje.

Lección 15

1. Mis padres me dijeron que eligiéramos los muebles.   2. Yo preferiría un piso que tuviera terraza.   3. A lo mejor no nos cobraría el depósito de limpieza.   4. La ventaja es que no tenemos que conducir mucho porque estamos en el centro.   5. El apartamento tiene espacio para estacionar.